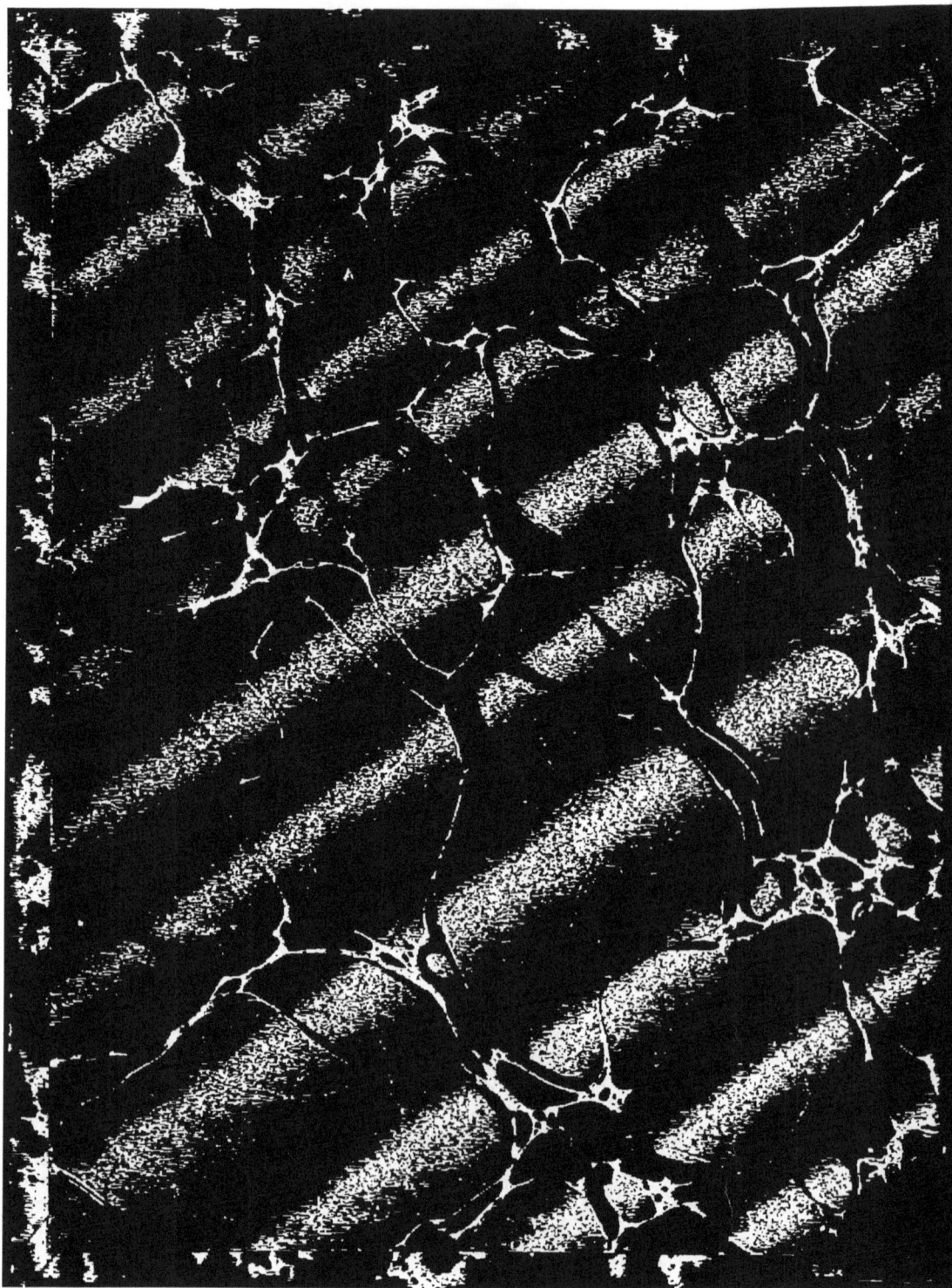

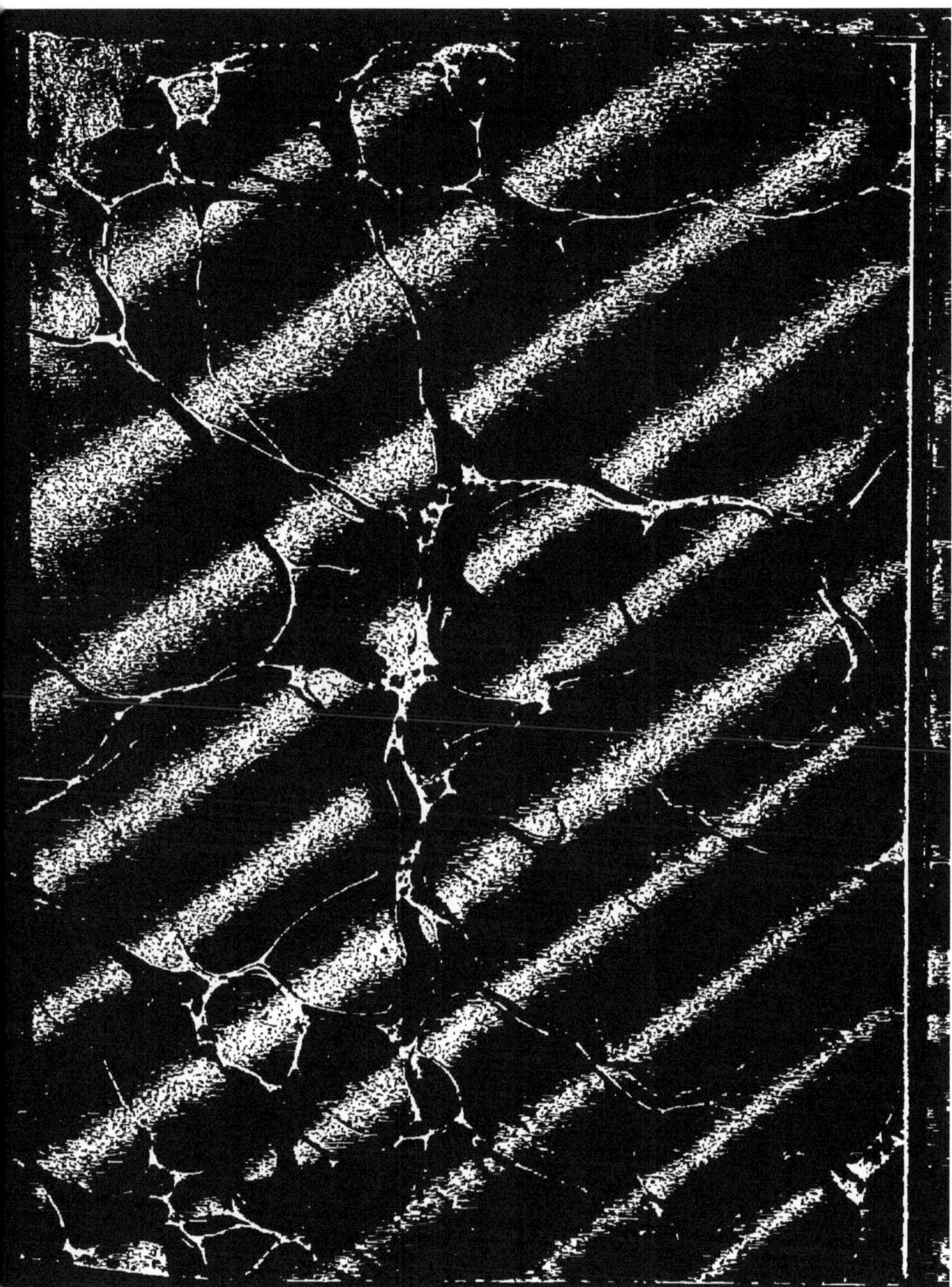

N

DU

DANDYSME ET DE G. BRUMMELL.

✦

Il est plus difficile de plaire aux gens de sang-froid, que d'être aimé de quelques âmes de feu.

Traité de la Princesse, inédit.

✦

CAEN.—IMP. DE A. MARDEL.

DU

DANDYSME

ET DE

G. BRUMMELL

PAR

J.-A. BARBEY D'AUREVILLY

CAEN

B. MANCEL, ÉDITEUR
66, RUE SAINT-JEAN
1845

A

M. CÉSAR DALY,

DIRECTEUR DE LA REVUE DE L'ARCHITECTURE.

Pendant que vous voyagez, mon cher Daly, et que le souvenir de vos amis ne sait où vous prendre, voici quelque chose (je n'ose pas dire un livre) qui vous attendra à votre seuil. C'est la statuette d'un homme qui ne mérite guère que d'être représenté en statuette : curiosité de mœurs et d'histoire, bonne à mettre sur l'étagère de votre cabinet de travail.

Brummell n'appartient pas à l'histoire politique de l'Angleterre. Il y touche par ses liaisons ; mais il n'y entre pas. Sa place est dans une histoire plus haute, plus générale et plus difficile à écrire, — l'histoire des mœurs anglaises, — car l'histoire politique ne contient pas toutes les tendances sociales et toutes doivent être étudiées. Brummell a été l'expression d'une de ces tendances; autrement son action serait inexplicable. La décrire, la creuser, montrer que cette influence n'était pas seulement à fleur de terre, pourrait être le sujet d'un livre que Beyle (de Stendhal) a oublié d'écrire et qui eût tenté Montesquieu.

Malheureusement je ne suis ni Montesquieu ni Beyle, ni aigle ni lynx; mais j'ai tâché pourtant de voir clair dans ce que beaucoup de gens, sans doute, n'eussent pas daigné expliquer. Ce que j'ai vu, je vous l'offre, mon cher Daly. Vous qui sentez la grâce comme une femme et comme un artiste, et qui, comme un penseur, vous rendez compte *de son empire, j'aime à vous dédier cette étude sur un homme qui tira sa célébrité de son élégance; je l'aurais faite sur un homme qui eût tiré la sienne de la force de sa raison, que, grâce à la richesse de vos facultés, j'aurais eu bon air de vous la dédier encore.*

Acceptez donc ceci comme une marque d'amitié et un souvenir des jours, plus heureux que les jours actuels, où je vous voyais davantage.

Votre dévoué,

JULES-A. BARBEY D'AUREVILLY.

Passy, Villa Beauséjour,
19 septembre 1844.

DU

DANDYSME ET DE G. BRUMMELL.

I.

Les sentiments ont leur destinée. Il en est
un contre lequel tout le monde est impi-
toyable : c'est la vanité. Les moralistes l'ont
décriée dans leurs livres, même ceux qui ont
le mieux montré quelle large place elle a dans
nos âmes. Les gens du monde, qui sont aussi
des moralistes à leur façon, puisque vingt fois
par jour ils ont à juger la vie, ont répété la

sentence portée par les livres contre ce sentiment, à les entendre, le dernier de tous.

On peut opprimer les choses comme les
hommes. Cela est-il vrai, que la vanité soit le
dernier sentiment dans la hiérarchie des sentiments de notre âme? Et si elle est le dernier, si
elle est à sa place, pourquoi la mépriser?...

Mais est-elle même le dernier? Ce qui fait
la valeur des sentiments, c'est leur importance sociale : quoi donc, dans l'ordre des
sentiments, peut être d'une utilité plus grande
pour la société, que cette recherche inquiète
de l'approbation des autres, que cette inextin-
guible soif des applaudissements de la galerie,
qui, dans les grandes choses, s'appelle *amour
de la gloire* et dans les petites *vanité*? Est-ce
l'amour, l'amitié, l'orgueil? L'amour dans ses
mille nuances et ses nombreux dérivés, l'amitié et l'orgueil même partent d'une préférence
pour un autre, ou plusieurs autres, ou soi,

et cette préférence est exclusive. La vanité, elle, tient compte de tout. Si elle préfère parfois de certaines approbations, c'est son caractère et son honneur de souffrir quand une seule lui est refusée; elle ne dort plus sur cette rose repliée. L'amour dit à l'être aimé : Tu es tout mon univers ; l'amitié : Tu me suffis, et bien souvent : Tu me consoles. Quant à l'orgueil, il est silencieux. Un homme d'un esprit éclatant disait: « C'est un roi solitaire, oisif et aveugle ; son diadème est sur ses yeux. » La vanité a un univers moins étroit que celui de l'amour ; ce qui suffit à l'amitié n'est pas assez pour elle. C'est une reine aussi comme l'orgueil est roi ; mais elle est entourée, occupée, clairvoyante, et son diadème est placé là où il l'embellit davantage.

Il fallait bien dire cela avant de parler du Dandysme, fruit de cette vanité qu'on a trop flétrie, et du grand vaniteux, Georges Brummell.

II.

Quand la vanité est satisfaite et qu'elle le
montre, elle devient de la fatuité. C'est le
nom assez impertinent que les hypocrites de
modestie, — c'est-à-dire, tout le monde, — ont
inventé par peur des sentiments vrais. Ainsi ce
serait une erreur que de croire, comme on le
croit peut-être, que la fatuité est exclusivement
de la vanité montrée dans nos relations avec les
femmes. Non, il y a des fats de tout genre : il
y en a de naissance, de fortune, d'ambition,
de science ; Tufière en est un, Turcaret un
autre ; mais comme les femmes occupent beaucoup en France, on a surtout donné le nom de
fatuité à la vanité de ceux qui leur plaisent et qui
se croient irrésistibles. Seulement, cette fatuité,
commune à tous les peuples chez qui la femme

est quelque chose , n'est point cette autre
espèce qui , sous le nom de *Dandysme,* cherche
depuis quelque temps à s'acclimater à Paris.
L'une est la forme de la vanité humaine , universelle ; l'autre , d'une vanité particulière et
très-particulière : de la vanité anglaise. Comme
tout ce qui est universel , humain a son nom
dans la langue de Voltaire , ce qui ne l'est pas,
on est obligé de l'y mettre , et voilà pourquoi
le mot *Dandysme* n'est pas français.

Il restera étranger comme la chose qu'il.
exprime. Nous avons beau réfléchir toutes les
couleurs : le caméléon ne peut réfléchir le
blanc , et le blanc pour les peuples , c'est la
force même de leur originalité. Nous posséde-
rions plus grand encore le pouvoir d'assimila-
tion qui nous distingue , que ce don de Dieu
ne maîtriserait pas cet autre don , cette autre
puissance , — le pouvoir d'être soi , — qui con-
stitue la personne même, l'essence d'un peuple.

Eh bien, c'est la force de l'originalité anglaise,
s'imprimant sur la vanité humaine, — *cette*
vanité ancrée jusqu'au cœur des marmitons,
et contre laquelle le mépris de Pascal n'était
qu'une aveugle insolence, — qui produit ce
qu'on appelle le Dandysme. Nul moyen de
partager cela avec l'Angleterre. C'est profond
comme son génie même. Singerie n'est pas
ressemblance. On peut prendre un air ou une
pose, comme on vole la forme d'un frac ;
mais la comédie est fatigante, mais un masque
est cruel, effroyable à porter, même pour les
gens à caractère qui seraient les Fiesques du
Dandysme, s'il le fallait, à plus forte raison
pour nos aimables jeunes gens. L'ennui qu'ils
respirent et inspirent ne leur donne qu'un faux
reflet de Dandysme. Qu'ils prennent l'air dégoûté, s'ils veulent, et se gantent de blanc
jusqu'au coude, le pays de Richelieu ne pro-
duira pas de Brummell.

III.

Ces deux fats célèbres peuvent se ressembler par la vanité humaine, universelle; mais ils diffèrent de toute la physiologie d'une race, de tout le génie d'une société. L'un appartenait à cette race nervo-sanguine de France, qui va jusqu'aux dernières limites dans la foudre de ses élans. L'autre descendait de ces hommes du Nord, lymphatiques et pâles, froids comme la mer dont ils sont les fils, mais irascibles comme elle, et qui aiment à réchauffer leur sang glacé avec la flamme des alcools *(high-spirits)*. Quoique de tempérament opposé, ils avaient tous les deux une grande force de vanité, et naturellement ils la prirent pour le mobile de leurs actions. Sur ce point, ils bravent également le reproche des moralistes

qui condamnent la vanité au lieu de la classer
et de l'absoudre. A-t-on lieu de s'en étonner,
quand on pense au sentiment dont il est question, écrasé depuis dix-huit cents ans sous l'idée
chrétienne du mépris du monde, qui règne
encore dans les esprits les moins chrétiens ? Et
d'ailleurs les gens d'esprit ne gardent-ils presque
pas tous dans la pensée quelque préjugé au
pied duquel ils font pénitence de l'esprit qu'ils
ont ? C'est ce qui explique le mal que les
hommes qui se croient sérieux, parce qu'ils
ne savent pas sourire, ne manqueront pas de
dire de Brummell. C'est ce qui explique, plus
encore que l'esprit de parti, les cruautés de
Chamfort contre Richelieu. Il l'a attaqué avec
son esprit incisif, brillant et venimeux, comme
on perce avec un stylet de cristal empoisonné.
En cela, Chamfort, tout athée qu'il fût, a
porté le joug de l'idée chrétienne, et, vaniteux
lui-même, il n'a pas su pardonner au sentiment

dont il souffrait, de donner du bonheur aux autres.

Car Richelieu, comme Brummell, — plus même que Brummell, — eut tous les genres de gloire et de plaisir que l'opinion peut créer. Tous les deux, en obéissant aux instincts de leur vanité (apprenons à dire ce mot sans horreur) comme on obéit aux instincts de son ambition, de son amour, etc., ils réussirent ; mais l'analogie s'arrête là. Ce n'était pas assez que de différer par le tempérament ; la société dont ils dépendaient apparaît en eux et, de nouveau, les fait contraster. Pour Richelieu, cette société avait brisé tous ses freins, dans sa soif implacable d'amusements ; pour Brummell, elle mâchait les siens avec ennui. Pour le premier, elle était dissolue ; pour le second, hypocrite. C'est dans cette double disposition que se trouve surtout la différence qu'il y a entre la fatuité de Richelieu et le Dandysme de Brummell.

IV.

En effet, il ne fut qu'un Dandy. Avant
d'être le genre de fat que son nom représente,
Richelieu, lui, était un grand seigneur dans
une aristocratie expirante. Il était général dans
un pays militaire. Il était beau à une époque
où les sens révoltés partageaient fièrement
l'empire avec la pensée et où les mœurs
du temps ne défendaient pas ce qui plaisait.
En dehors de ce que fut Richelieu, on peut
concevoir Richelieu encore. Il avait pour lui
toutes les forces de la vie. Mais ôtez le Dandy, que reste-t-il de Brummell ? Il n'était
propre à n'être rien de plus, mais aussi rien
de moins que le plus grand Dandy de son
temps et de tous les temps. Il le fut exacte-
ment, purement ; on dirait presque naïve-

ment, si l'on osait. Dans le pêle-mêle social qu'on appelle une société par politesse, presque toujours la destinée est plus grande que les facultés ou les facultés supérieures à la destinée. Mais pour lui, pour Brummell, chose rare, il y eut accord entre la nature et le destin, entre le génie et la fortune. Plus spirituel ou plus passionné, c'était Sheridan ; plus grand poëte (car il fut poëte), c'était lord Byron; plus grand seigneur, c'était lord Yarmouth ou Byron encore : Yarmouth, Byron, Sheridan et tant d'autres de cette époque, fameux dans tous les genres de gloire, qui furent Dandys, mais quelque chose de plus. Brummell n'eut point ce quelque chose qui était chez les uns de la passion ou du génie, chez les autres une haute naissance, une immense fortune. Il gagna à cette indigence; car, réduit à la seule force de ce qui le distingua, il s'éleva au rang d'une chose : il fut le Dandysme même.

V.

Ceci est presque aussi difficile à décrire qu'à
définir. Les esprits qui ne voient les choses
que par leur plus petit côté, ont imaginé que
le Dandysme était surtout l'art de la mise,
une heureuse et audacieuse dictature en fait
de toilette et d'élégance extérieure. Très-cer-
tainement c'est cela aussi ; mais c'est bien
davantage. Le Dandysme est toute une manière d'être, et l'on n'est pas que par le côté
matériellement visible. C'est une manière
d'être, entièrement composée de nuances,
comme il arrive toujours dans les sociétés très-
vieillies et très-civilisées, où la comédie devient
si rare et où la convenance triomphe à peine
de l'ennui. Nulle part l'antagonisme des convenances et de l'ennui qu'elles engendrent ne

s'est fait plus violemment sentir au fond des mœurs qu'en Angleterre, dans la société de la Bible et du droit, et peut-être est-ce de ce combat à outrance, éternel, comme le duel de la Mort et du Péché dans Milton, qu'est venue l'originalité profonde de cette société puritaine, qui donne dans la fiction Clarisse Harlowe, et lady Byron dans la réalité (1). Le jour où la victoire sera décidée, il est à penser que la manière d'être qu'on appelle Dandysme sera grandement modifiée, si elle existe encore; car elle résulte de cet état de lutte sans bout entre la convenance et l'ennui (2).

(1) En écrivains, elle donne aussi des femmes comme miss Edgeworth, comme miss Aikin, etc. Voir les Mémoires de cette dernière sur Élisabeth : style et opinions d'une pédante et d'une prude sur une prude et une pédante.

(2) Inutile d'insister sur l'ennui qui mange le cœur

Aùssi, une des conséquences du Dandysme, un de ses principaux caractères, — pour mieux parler, son caractère le plus général, — est-il de produire toujours l'imprévu, ce à quoi l'esprit accoutumé au joug des règles ne peut pas s'attendre en bonne logique. L'excentricité, cet autre fruit du terroir anglais, le produit aussi, mais d'une autre manière, d'une façon effrénée, sauvage, aveugle. C'est une révolution individuelle contre l'ordre établi, quelque-

de la société anglaise et qui lui donne, sur les sociétés que ce mal dévore, la triste supériorité des corruptions et des suicides. L'ennui moderne est fils de l'analyse ; mais à celui-là, notre maître à tous, se joint pour la société anglaise, la plus riche du monde, l'ennui romain, fils de la satiété, et qui multiplierait le nombre des Tibères à Caprée, moins l'empire, si la moyenne proportionnelle des sociétés était composée d'âmes plus fortes.

fois contre la nature : ici on touche à la folie.
Le Dandysme, au contraire, se joue de la
règle et pourtant la respecte encore. Il en
souffre et s'en venge tout en la subissant ; il
s'en réclame, quand il y échappe ; il la domine
et en est dominé tour à tour : double et muable
caractère ! Pour jouer ce jeu, il faut avoir à
son service toutes les souplesses qui font la
grâce, comme les nuances du prisme forment
l'opale en se réunissant.

C'était là ce qu'avait Brummell. Il avait la
grâce comme le ciel la donne et comme souvent les compressions sociales la faussent. Mais
enfin il l'avait, et par là il répondait aux besoins de caprice des sociétés ennuyées et trop
durement ployées sous les strictes rigueurs de
la convenance. Il était la preuve de cette vérité qu'il faut redire sans cesse aux hommes
de la règle : c'est que si l'on coupe les ailes
à la fantaisie, elles repoussent plus longues de

moitié (1). Il avait cette familiarité charmante
et rare qui touche à tout et ne profane rien. Il
vécut de pair à compagnon avec toutes les
puissances, toutes les supériorités de son
époque, et, par l'aisance, il s'éleva jusqu'à
leur niveau. Où de plus habiles se seraient
perdus, il se sauvait. Son audace était de la
justesse. Il pouvait toucher impunément à la
hache. On a dit pourtant que cette hache,
dont il avait tant de fois défié le tranchant, le
coupa enfin ; qu'il intéressa à sa perte la vanité
d'un Dandy comme lui, d'un Dandy royal,
S. M. Georges IV ; mais son empire avait été si
grand que, s'il avait voulu, il l'eût repris.

(1) Voir dans les journaux américains l'enthousiasme inspiré par Mlle Elssler aux descendants des
Puritains de la vieille Angleterre : une jambe de dan-
seuse tournant des Têtes Rondes.

VI.

Sa vie tout entière fut une influence, c'est-à-dire, ce qui ne peut guère se raconter. On la sent tout le temps qu'elle dure, et, quand elle n'est plus, on en peut signaler les résultats ; mais si ces résultats sont de la même nature que l'influence qui les créa et s'ils n'ont pas plus de durée, l'histoire en devient impossible. On retrouve Herculanum sous la cendre ; mais quelques années sur les mœurs d'une société l'ensevelissent mieux que toute la poussière des volcans. Les Mémoires, histoire de ces mœurs, ne sont eux-mêmes que des à peu près (1). On ne retrouvera donc pas, comme

(1) Encore pas toujours. Que sont les *Mémoires* de Wraxall, par exemple ? Et pourtant quel homme fut jamais mieux placé pour observer ?

il le faudrait, détaillée et nette, sinon vivante,
la société anglaise du temps de Brummell. On
ne suivra donc jamais dans son ondoyante
étendue et sa portée l'action de Brummell sur
ses contemporains. Le mot de Byron, qui disait
aimer mieux être Brummell que l'empereur
Napoléon, paraîtra toujours une affectation
ridicule ou une ironie. Le vrai sens d'un pareil
mot est perdu.

Seulement, au lieu d'insulter l'auteur de
Childe-Harold, comprenons-le plutôt quand
il exprimait son audacieuse préférence. Poëte,
homme de fantaisie, il était frappé, parce qu'il
pouvait en juger, de l'empire de Brummell sur
la fantaisie d'une société hypocrite et lasse de
son hypocrisie. Il y avait là un fait de toute-
puissance individuelle, qui devait plus convenir
à la nature de son capricieux génie que tout
autre fait d'omnipotence quel qu'il fût.

VII.

C'est pourtant avec des mots semblables à celui de Byron que l'histoire de Brummell sera écrite, et, comme par une singulière mystification de la destinée, ce sont de tels mots qui la rendront indéchiffrable. L'admiration ne se justifiant point par des faits qui ont péri tout entiers, parce que, de leur nature, ils étaient éphémères, l'autorité du plus grand nom, l'hommage du plus entraînant génie rendront l'énigme plus obscure. En effet, ce qui reste le moins de toute société, la partie des mœurs qui ne laisse pas de débris, l'arome trop subtil pour qu'il se conserve, ce sont les manières, les intransmissibles manières (1), par les-

(1) Les manières, c'est la fusion des mouvements

quelles Brummell fut un prince de son temps.
Semblable à l'orateur, au grand comédien,
au causeur, à tous ces esprits qui parlent au
corps par le corps, comme disait Buffon,
Brummell n'a qu'un nom qui brille d'un reflet
mystérieux dans tous les Mémoires de son
époque. On y explique mal la place qu'il y
tient ; mais on la voit, et ce vaut la peine
qu'on y pense. Quant à l'étude présente, détaillée du portrait qui reste à faire, nul homme
jusqu'ici n'en a affronté la lutte douloureuse ;
nul penseur n'a cherché à se rendre compte,
gravement, sévèrement de cette influence qui
répond à une loi ou à un travers, c'est-à-dire, à
la déviation d'une loi,—à une loi encore. Pour
cela, les esprits profonds n'avaient pas assez de
finesse; les esprits fins, de profondeur.

de l'esprit et du corps, et l'on ne peint pas des mouvements.

Plusieurs ont essayé, nonobstant. Du vivant même de Brummell, deux plumes célèbres, mais taillées trop fin, trempées d'encre de Chine trop musquée, jetèrent sur un papier bleuâtre, à tranches d'argent, quelques traits faciles à travers lesquels on vit Brummell. C'était charmant de légèreté spirituelle et de pénétration négligente. Ce fut *Pelham*; ce fut *Granby*. Ce fut Brummell aussi jusqu'à un certain point, puisqu'on y dogmatisait sur le Dandysme; mais l'intention avait-elle été de le peindre, sinon dans les faits de sa vie, au moins dans les réalités de son être et les possibilités du roman ? Pour *Pelham*, ce n'est pas bien sûr. Pour *Granby*, on le croirait davantage : le portrait de Trebeck semble avoir été fait sur le vif; on n'invente pas ces nuances étranges, mi-nature et mi-société, et l'on sent que la présence réelle a dû vivifier le coup de pinceau qui les retrace.

Mais, à cela près du roman de Lister, où

Brummell, s'il fallait l'y chercher, se retrou-
verait bien mieux que dans le *Pelham* de
M. Bulwer, il n'y a point de livre en Angleterre qui montre Brummell comme il fut, et
qui explique un peu nettement la puissance de
son personnage. Récemment, il est vrai, un
homme distingué (1) a publié deux volumes
dans lesquels il a réuni avec une patience
d'ange curieux tous les faits connus de la vie
de Brummell. Pourquoi faut-il que tant d'efforts
et de sollicitudes n'aient abouti qu'à une chro-
nique timorée, sans le dessous des cartes de
l'histoire ? C'est l'explication historique qui
manque à Brummell. Il a encore des admi-

_____

(1) Le capitaine Jesse. Il a publié deux forts volumes in-8° sur Brummell ; et avant de les avoir
publiés, il avait mis à notre disposition, avec une
courtoisie parfaite, les renseignements qu'il possédait
sur le fameux Dandy.

rateurs comme l'épigrammatique Cecil , des
curieux comme M. Jesse , des ennemis... on
ne cite personne. Mais parmi ses contemporains restés debout, parmi les pédants de
tous les âges, honnêtes gens qui ont à l'esprit les deux bras gauches que Rivarol
donnait à toutes les Anglaises, il en est qui
s'indignent de bonne foi contre l'éclat attaché
au nom de Brummell. Lourdauds de moralité
grave, cette gloire de la frivolité les insulte.
Seul, l'historien, c'est-à-dire, le juge, — le
juge sans enthousiasme et sans haine, — n'a
point encore paru pour le grand Dandy , et
chaque jour qui passe est un empêchement
pour qu'il naisse. On a dit pourquoi. S'il ne
vient pas, la gloire aura été pour Brummell un
miroir de plus. Vivant, elle l'aura réfléchi dans
l'étincelante pureté de sa fragile surface ; mais,
—comme les miroirs quand il n'y a plus là personne,—mort, elle n'en aura rien gardé.

VIII.

Le Dandysme n'étant pas de l'invention d'un homme, mais la conséquence d'un certain état de société qui existait avant Brummell, il serait peut-être convenable d'en constater la présence dans l'histoire des mœurs anglaises, et d'en préciser l'origine. Tout porte à penser que cette origine est française. La grâce est entrée en Angleterre, à la restauration de Charles II, sur le bras de la corruption qui se disait sa sœur alors et qui quelquefois l'a fait croire. Elle vint attaquer avec de la moquerie le sérieux terrible et imperturbable des Puritains de Cromwell. Les mœurs, toujours profondes dans la Grande-Bretagne, — quelle que soit leur tendance, bonne ou mauvaise, — exagéraient la sévérité. Il fallait bien

pour respirer se soustraire à leur empire,
déboucler ce lourd ceinturon, et les courtisans
de Charles II, qui avaient bu, dans les verres
à champagne de France, un lotus qui faisait
oublier les sombres et religieuses habitudes
de la patrie, tracèrent la tangente par laquelle on put échapper. Beaucoup par là se
précipitèrent. « Les disciples mêmes eurent
« bientôt dépassé leurs anciens maîtres, et,
« comme l'a dit un écrivain avec une piquante
« exactitude (1), leur bonne volonté d'être
« corrompus était si bonne, que les Rochester
« et les Shaftesbury enjambèrent d'un siècle
« sur les mœurs françaises de leur temps et
« sautèrent jusqu'à la Régence. » On ne parle
ni de Buckingham, ni d'Hamilton, ni de
Charles II lui-même, ni de tous ceux chez

---

(1) M. Amédée Renée, dans son introduction aux
Lettres de lord Chesterfield. Paris, 1842.

qui les souvenirs de l'exil furent plus puissants que les impressions du retour. On a
plutôt en vue ceux-là qui, restés Anglais,
furent atteints de plus loin par le souffle
étranger, et qui ouvrirent le règne des *Beaux*,
comme sir Georges Hewett, Wilson, tué, dit-
on, par Law, dans un duel, et Fielding dont
la beauté arrêta le regard sceptique de l'in-
souciant Charles II, et qui, après avoir épousé
la fameuse duchesse de Cleveland, renouvela
les scènes de Lauzun avec la grande Made-
moiselle. Ainsi qu'on le voit, le nom même
qu'ils portèrent accuse l'influence française.
Leur grâce aussi était comme leur nom. Elle
n'était pas assez indigène, assez mêlée à cette
originalité du peuple au milieu duquel naquit
Shakspeare, à cette force intime qui devait
plus tard la pénétrer. Qu'on ne s'y méprenne
pas, les *Beaux* ne sont pas les Dandys ; ils
les précèdent. Déjà le Dandysme, il est vrai,

s'agite sous ces surfaces ; mais il ne paraît point encore. C'est du fond de la société anglaise qu'il doit sortir. Fielding meurt en 1712. Après lui, le colonel Edgeworth, vanté par Steele (un *beau* aussi dans sa jeunesse), continue la chaîne d'or ouvragé des *Beaux*, qui se ferme à Nash, pour se rouvrir à Brummell ; mais avec le Dandysme en plus.

Car s'il est né plus tôt, c'est dans l'intervalle qui sépare Fielding de Nash que le Dandysme a pris son développement et sa forme. Pour son nom (dont la racine est peut-être française encore), il ne l'eut que tard. On ne le trouve pas dans Johnson. Mais quant à la chose qu'il signifie, elle existait, et, comme cela devait être, dans les personnalités les plus hautes. En effet, la valeur des hommes étant toujours en vertu du nombre des facultés qu'ils ont, et le Dandysme représentant justement celles qui n'avaient pas leur place dans les mœurs, tout homme supérieur dut se teindre et se teignit plus ou moins de Dandysme. Ainsi Marlborough, Chesterfield, Bolingbroke, Bolingbroke surtout; car Chesterfield qui avait fait dans ses *Lettres* le traité du *Gentleman*, comme Machiavel a fait le traité du *Prince*, moins en inventant la règle qu'en racontant la coutume, Chesterfield est bien attaché encore à l'opinion admise, et Marlborough, avec sa beauté de femme orgueilleuse, est plus cupide que vaniteux. Bolingbroke seul est avancé, complet, un vrai Dandy des derniers temps. Il en a la hardiesse dans la conduite, l'impertinence somptueuse, la préoccupation de l'effet extérieur, et la vanité incessamment présente. On se rappelle qu'il fut jaloux de Harley, assassiné par Guiscard, et qu'il disait pour se consoler, que l'assassin avait sans doute pris un ministre pour un autre. Rompant avec les pruderies des salons de Londres, ne l'avait-on pas vu — chose horrible à penser ! — afficher l'amour le plus naturel pour une marchande d'oranges, qui peut-être n'était pas jolie, et qui se tenait sous les galeries du Parlement (1) ? Enfin il inventa la devise même du Dandysme, le *nil mirari* de ces hommes, — dieux au petit pied, — qui veulent toujours produire la surprise en gardant l'impassibilité (2). Plus qu'à personne

(1) *London and Westminster Review.*

(2) Le Dandysme introduit le calme antique au sein des agitations modernes ; mais le calme des anciens venait de l'harmonie de leurs facultés et de la plénitude d'une vie librement développée, tandis que le calme du Dandysme est la pose d'un esprit qui doit avoir fait le tour de beaucoup d'idées et qui est trop dégoûté pour s'animer. Si un Dandy était éloquent, il le serait à la façon de Périclès, les bras croisés sous son manteau. Voir la ravissante, impertinente et très-moderne attitude du Pyrrhus de Girodet, écoutant les imprécations d'Hermione. Cela ferait mieux comprendre ce que je veux dire que tout ce que j'écris là.

d'ailleurs le Dandysme seyait à Bolingbroke.
N'était-ce pas de la libre pensée en fait de manières et de convenances du monde, de même
que la philosophie en était en matière de morale et de religion? Comme les philosophes qui
dressaient devant la loi une obligation supérieure, les Dandys, de leur autorité privée,
posent une règle au-dessus de celle qui régit
les cercles les plus aristocratiques, les plus
attachés à la tradition, et, par la plaisanterie
qui est un acide, et par la grâce qui est un
fondant, ils parviennent à faire admettre cette
règle mobile qui n'est, en fin de compte, que
l'audace de leur propre personnalité. Un tel
résultat est curieux et tient à la nature des
choses. Les sociétés ont beau se tenir ferme,
les aristocraties se fermer à tout ce qui n'est
pas l'opinion reçue, le caprice se soulève un
jour et pousse à travers ses classements qui
paraissaient impénétrables, mais qui étaient

minés par l'ennui. C'est ainsi que, d'une part,
la frivolité (1) chez un peuple d'une tenue ri-
gide et d'un utilitarisme grossier, de l'autre,
l'imagination réclamant son droit à la face
d'une loi morale trop étroite pour être vraie,
produisirent un genre de traduction, une
science de manières et d'attitudes, impossible
ailleurs, dont Brummell fut l'expression ache-
vée et qu'on n'égalera jamais plus. On verra
pourquoi.

(1) Nom haineux donné à tout un ordre de préoccu-
pations très-légitimes au fond, puisqu'elles corres-
pondent à des besoins réels.

IX.

Georges Bryan Brummell est né à Westminster, de W. Brummell, Esquire, secrétaire privé de ce lord North, Dandy aussi à
certaines heures, qui dormait de mépris, sur
son banc de ministre, aux plus virulentes
attaques des orateurs de l'opposition. North fit
la fortune de W. Brummell, homme d'ordre et
de capacité active. Les pamphlétaires qui crient
à la corruption, en espérant qu'on les cor-
rompra, ont appelé lord North le dieu des
appointements *(the God of Emoluments)*.
Mais toujours est-il vrai de dire qu'en payant
Brummell, il récompensait des services. Après
la chute du ministère et de son bienfaiteur,
M. Brummell devint haut-sheriff dans le
Berkshire. Il habita près de Donnington-Castle,

lieu célèbre pour avoir été la résidence de
Chaucer, et là il vécut avec cette hospitalité
opulente dont les Anglais, seuls dans le monde,
ont le sentiment et la puissance. Il avait con-
servé de grandes relations. Entre autres célé-
brités contemporaines, il recevait beaucoup
Fox et Sheridan. Une des premières impressions du futur Dandy fut donc de sentir le
souffle de ces hommes forts et charmants sur sa
tête. Ils furent comme les fées qui le douèrent ;
mais ils ne lui donnèrent que la moitié de leurs
forces, les plus éphémères de leurs facultés. Nul
doute qu'en voyant, qu'en entendant ces esprits,
la gloire de la pensée humaine, qui menaient
la causerie comme le discours politique, et
dont la plaisanterie valait l'éloquence, le jeune
Brummell n'ait développé les facultés qui étaient
en lui et qui l'ont rendu plus tard (pour se
servir du mot employé par les Anglais) un
des premiers *conversationistes* de l'Angleterre.

Quand son père mourut, il avait seize ans
(1794). On l'avait, en 1790, envoyé à Eton,
et déjà il s'était distingué, — en-dehors du
cercle des études, — par ce qui le caractérisa
si éminemment plus tard. Le soin de sa mise
et la langueur froide de ses manières lui firent
donner par ses condisciples un nom fort en
vogue alors ; car le nom de Dandy n'était pas
encore à la mode, et les despotes de l'élégance s'appelaient *Bucks* ou *Macaronies*. On
le nomma *the Buck Brummell* (1). Nul, du
témoignage de ses contemporains, n'exerça
plus d'influence que lui sur ses compagnons
à Eton ; excepté peut-être Georges Canning ;
mais l'influence de Canning était la conséquence de son ardeur de tête et de cœur,
tandis que celle de Brummell venait de facultés

(1) *Buck* signifie mâle, en anglais ; mais ce n'est
pas le mot qui est intraduisible, c'est le sens.

moins enivrantes. Il justifiait le mot de Machiavel : « Le monde appartient aux esprits froids. » D'Eton il alla à Oxford où il eut le genre de succès auquel il était destiné. Il y plut par les côtés les plus extérieurs de l'esprit : sa supériorité, à lui, ne se marquant pas dans les laborieuses recherches de la pensée, mais dans les relations de la vie. En sortant d'Oxford, trois mois après la mort de son père, il entra comme cornette dans le 10e de hussards, commandé par le Prince de Galles.

On s'est beaucoup efforcé pour expliquer le goût si vif que Brummell inspira soudainement à ce prince. On a raconté des anecdotes qui ne méritent pas qu'on les cite. Qu'at-on besoin de ces commérages ? Il y a mieux. En effet, Brummell donné, il était impossible qu'il n'attirât pas l'attention et les sympathies de l'homme qui, disait-on, était plus fier et plus heureux de la distinction de ses manières

que de l'élévation de son rang. On sait d'ailleurs
l'éclat de cette jeunesse qu'il essaya d'éter-
niser. A cette époque, le Prince de Galles avait
trente-deux ans. Beau de la beauté lymphatique
et figée de la maison de Hanovre, mais cher-
chant à l'animer par la parure, à la vivifier par
le rayon de feu du diamant; scrofuleux d'âme
comme de corps, mais n'ayant pas du moins
dégradé la grâce en lui, cette dernière vertu
des courtisanes; celui qui fut Georges IV reconnut en Brummell une portion de lui-même,
la partie restée saine et lumineuse, et voilà le secret de la faveur qu'il lui montra. Ce fut simple
comme une conquête de femme. N'y a-t-il pas
des amitiés qui prennent leur source dans les
choses du corps, dans la grâce extérieure,
comme des amours qui viennent de l'âme, du
charme immatériel et secret ?... Telle fut
l'amitié du Prince de Galles pour le jeune
cornette de hussards : sentiment qui était de la

sensation encore , le seul peut-être qui pût germer au fond de cette âme obèse , dans laquelle le corps remontait.

Ainsi l'inconstante faveur que lord Barry-more, G. Hanger et tant d'autres effeuillèrent à leur tour, tomba sur la tête de Brummell avec tout l'imprévu du caprice et la furie de l'engouement. Sa présentation eut lieu sur la fameuse terrasse de Windsor, en présence de la fashion la plus exigeante. Il y déploya tout ce que le Prince de Galles devait estimer le plus parmi les choses humaines : une grande jeunesse relevée par l'aplomb d'un homme qui aurait su la vie et qui pouvait la dominer, le plus fin et hardi mélange d'impertinence et de respect, enfin le génie de la mise protégé par une ré-partie toujours spirituelle. Certes, il y avait , dans l'enlèvement d'un tel succès, autre chose que de l'extravagance des deux côtés. Le mot *extravagance* est employé par les moralistes déroutés comme le mot *nerfs* par les médecins. A dater de ce moment, il se trouva classé très-haut dans l'opinion. On le vit, de préférence aux plus grands noms de l'Angleterre, lui, le fils du simple Esquire, du secrétaire privé dont le grand-père avait été marchand, remplir les fonctions de *chevalier d'honneur* de l'héritier présomptif, lors de son mariage avec Caroline de Brunswick. Tant de distinction groupa immédiatement autour de lui, sur le pied de la familiarité la plus flatteuse, l'aristocratie des salons, lord Petersham (1), lord R. E. Somerset, Charles Ker, Charles et Robert Manners. Jusque-là, rien d'étonnant : il n'était qu'heureux. Il était né,

(1) Pour des myopes, c'était un modèle de Dandysme ; mais pour ceux qui ne se paient pas d'apparences, ce n'était pas plus un Dandy qu'une femme très-bien mise n'est une femme élégante.

comme disent les Anglais, avec une cuiller d'argent dans la bouche. Il avait pour lui ce quelque chose d'incompréhensible que nous appelons *notre étoile*, et qui décide de la vie sans raison ni justice ; mais ce qui surprend davantage, ce qui justifie son bonheur, c'est qu'il le fixa. Enfant gâté de la fortune, il le devint de la société. Byron parle quelque part d'un portrait de Napoléon dans son manteau impérial, et il ajoute : « Il semblait qu'il y fût éclos. » On en put dire autant de Brummell et de ce frac célèbre qu'il inventa. Il commença son règne sans trouble, sans hésitation, avec une confiance qui est une conscience. Tout concourut à son étrange pouvoir et personne ne s'y opposa. Là où les relations valent plus que le mérite et où les hommes, pour que chacun d'eux puisse seulement exister, doivent se tenir comme des crustacés, Brummell avait pour lui, encore plus comme admirateurs que comme rivaux, les ducs d'York et de Cambridge, les comtes de Westmoreland et de Chatham (le frère de William Pitt), le duc de Rutland, lord Delamere, politiquement et socialement ce qu'il y avait de plus élevé. Les femmes, qui sont, comme les prêtres, toujours du côté de la force, sonnèrent, de leurs lèvres vermeilles, les fanfares de leurs admirations. Elles furent les trompettes de sa gloire ; mais elles restèrent trompettes, car c'est ici l'originalité de Brummell. C'est ici qu'il diffère essentiellement de Richelieu et de presque tous les hommes organisés pour séduire. Il n'était pas ce que le monde appelle libertin. Richelieu, lui, imita trop ces conquérants tartares qui se faisaient un lit avec des femmes entrelacées. Brummell n'eut point de ces butins et de ces trophées de victoire ; sa vanité ne trempait pas dans un sang brûlant. Les sirènes, filles de la mer à la voix irrésistible, avaient les flancs couverts d'écailles impénétrables, d'autant plus charmantes, hélas ! qu'elles étaient plus dangereuses !

Et sa vanité n'y perdit pas ; au contraire. Elle ne se rencontrait jamais en collision avec une autre passion qui la heurtait, qui lui faisait équilibre : elle régnait seule, elle était plus forte (1). Aimer, même dans le sens le moins élevé de ce mot, désirer, c'est toujours dépendre, c'est être esclave de son désir. Les bras les plus tendrement fermés sur vous sont encore une chaîne, et si l'on est Richelieu, — et serait-on Don Juan lui-même, — quand on

(1) L'affectation produit la sécheresse. Or, un Dandy, quoiqu'ayant trop bon ton pour n'être pas simple, est toujours un peu affecté. C'est l'affectation très-raffinée du talent très-artificiel de Mlle Mars. Si l'on était passionné, on serait trop vrai pour être Dandy. Alfieri n'aurait jamais pu l'être, et Byron ne l'était qu'à certains jours.

les brise, ces bras si tendres, de la chaîne
qu'on porte on ne brise jamais qu'un anneau.
Voilà l'esclavage auquel Brummell échappa.
Ses triomphes eurent l'insolence du désinté-
ressement. Il n'avait jamais le vertige des têtes
qu'il tournait. Dans un pays, comme l'Angleterre, où l'orgueil et la lâcheté réunis font de
la pruderie pour de la pudeur, il fut piquant
de voir un homme, et un homme si jeune,
qui résumait en lui toutes les séductions de
convention et toutes les séductions naturelles,
punir les femmes dans leurs prétentions sans
bonne foi et s'arrêter avec elles à la limite de
galanterie, qu'elles n'ont pas mise là pour qu'on
la respecte. C'était pourtant ainsi qu'agissait
Brummell, sans aucun calcul et sans le moindre
effort. Pour qui connaît les femmes, cela dou-
blait sa puissance : parmi ces ladys altières, il
blessait l'orgueil romanesque, il faisait rêver
l'orgueil corrompu.

Roi de la mode, il n'eut donc point de maîtresse en titre. Plus habilement Dandy que le Prince de Galles, il ne se donna point de Madame Fitz-Herbert. Il fut un sultan sans mouchoir. Nulle illusion de cœur, nul soulèvement des sens n'influa, pour les énerver ou les suspendre, sur les arrêts qu'il portait. Aussi étaient-ils souverains. Que ce fût un éloge ou un blâme, un mot de Georges Bryan Brummell était tout alors. Il était l'autocrate de l'opinion. En Italie, si par hypothèse un pareil homme, un pareil pouvoir étaient possibles, quelle femme bien éprise y penserait? Mais en Angleterre, la plus follement amoureuse, en posant une fleur ou en essayant une parure, songeait bien plus au jugement de Brummell qu'au plaisir de son amant. Une duchesse (et l'on sait ce qu'un titre permet de hauteur dans les salons de Londres) disait en plein bal à sa fille, au risque

d'être entendue, de veiller avec soin sur son
attitude, ses gestes, ses réponses, si par hasard
M. Brummell daignait lui parler ; car à cette
première phase de sa vie il se mêlait encore à
la foule des danseurs dans ces bals où les
mains les plus belles restaient oisives en atten-
dant la sienne. Plus tard, enivré de la position
exceptionnelle qu'il s'était faite, il renonça à
ce rôle de danseur trop vulgaire pour lui. Il
restait seulement quelques minutes à l'entrée
du bal ; il le parcourait d'un regard, le jugeait
d'un mot et disparaissait, appliquant ainsi le
fameux principe du Dandysme : « Dans le
monde, tout le temps que vous n'avez pas
produit d'effet, restez ; si l'effet est produit,
allez vous-en. » Il connaissait son foudroyant
prestige. Pour lui l'effet n'était plus une question de temps.

Avec cet éclat dans sa vie, cette souverai-
neté sur l'opinion, cette grande jeunesse qui

augmente la gloire, et cet esprit charmant et
cruel que les femmes maudissent et adorent,
pas de doute qu'il n'ait inspiré bien des passions en sens contraire,—des amours profonds,
d'inexorables haines; mais rien de cela n'a
transpiré (1). Le *cant* a étouffé le cri des âmes,
s'il en fut qui aient osé crier. En Angleterre,
la convenance qui châtre les cœurs s'oppose
un peu à l'existence des Mademoiselles de
Lespinasse qui voudraient naître; et quant à
une Caroline Lamb, Brummell n'en eut point

(1) On a parlé de lady J....y qu'il aurait *soufflée*
au Régent, comme on dit avec une légèreté digne de
la chose. Mais lady J....y est restée son amie, et les
amours finissant en amitiés sont plus chimériques que
les belles femmes finissant en queue de poisson. Il y a
un beau coup de hache donné de main de poëte dans
les illusions des cœurs généreux et mortels : « Tout le
temps qu'on est amants, on n'est point amis; quand
on n'est plus amants, on n'est rien moins qu'amis. »

4

par la raison que les femmes sont plus sen-
sibles à la trahison qu'à l'indifférence. Une
seule, à notre connaissance, a laissé sur Brummell de ces mots qui cachent la passion et qui la
révèlent, c'est la courtisane Henriette Wilson :
chose naturelle, elle était jalouse non du cœur
de Brummell, mais de sa gloire. Les qualités
d'où le Dandy tirait sa puissance étaient de
celles qui eussent fait la fortune de la courtisane. Et d'ailleurs,—sans être des Henriettes
Wilson,—les femmes s'entendent si bien aux
réserves en faveur de leur sexe ! Elles ont le
génie des mathématiques, comme les hommes,
et tous les génies, et elles ne passent pas
à Sheridan, malgré le sien, l'impertinence
d'avoir fait sculpter sa main comme la plus
belle de l'Angleterre.

X.

Quoiqu'Alcibiade ait été le plus joli des bons
généraux, Georges Bryan Brummell n'avait
pas l'esprit militaire. Il ne resta pas long-
temps dans le 10ᵉ de hussards. Il y était entré
peut-être dans un but plus sérieux qu'on n'a
cru,—pour se rapprocher du Prince de Galles
et nouer les relations qui le mirent si vite en
relief. On a dit, avec assez de mépris, que
l'uniforme dut exercer une fascination irrésistible sur la tête de Brummell. C'était expli-
quer.le Dandy avec des sensations de sous-
lieutenant. Un Dandy qui marque tout de son
cachet, qui n'existe pas en-dehors d'une *certaine exquise originalité* (lord Byron) (1), doit

(1) Il n'y a qu'un Anglais qui puisse se servir de

nécessairement haïr l'uniforme. Du reste, et
pour des choses plus graves que cette question
de costume, c'est dans la donnée des facultés
de Brummell d'être mal jugé, son influence
morte. Quand il vivait, les plus récalcitrants
la subissaient; mais, à présent, c'est de la
psychologie difficile à faire, avec les préjugés
dominants, que l'analyse d'un tel personnage.
Les femmes ne lui pardonneront jamais d'avoir
eu de la grâce comme elles; les hommes, de
n'en pas avoir comme lui.

ce mot là. En France, l'originalité n'a point de patrie; on lui interdit le feu et l'eau; on la hait comme
une distinction nobiliaire. Elle soulève les gens médiocres, toujours prêts, contre ceux qui sont *autrement qu'eux*, à une de ces morsures de gencives qui
ne déchirent pas, mais qui salissent. *Être comme tout
le monde*, est le principe équivalant, pour les hommes,
au principe dont on bourre la tête des jeunes filles :
SOIS CONSIDÉRÉE, IL LE FAUT, du *Mariage de Figaro*.

On l'a dit déjà plus haut, mais on ne se lassera point de le répéter : ce qui fait le Dandy, c'est l'indépendance. Autrement, il·y aurait une législation du Dandysme, et il n'y en a pas (1). Tout Dandy est un *oseur*, mais un oseur qui a du tact., qui s'arrête à temps et qui trouve, entre l'originalité et l'excentricité, le fameux point d'intersection de Pascal. Voilà pourquoi Brummell ne put se plier aux contraintes de la règle militaire, qui est un uniforme aussi. Sous ce point de vue, il fut

(1) S'il y en avait, on serait Dandy en observant la loi. Serait Dandy qui voudrait : ce serait une prescription à suivre, voilà tout. Malheureusement pour les petits jeunes gens, il n'en est pas tout à fait ainsi. Il y a sans doute, en matière de Dandysme, quelques principes et quelques traditions; mais tout cela est dominé par la fantaisie, et la fantaisie n'est permise qu'à ceux à qui elle sied et qui la consacrent en l'exerçant.

un détestable officier. M. Jesse, cet admirable
chroniqueur qui n'oublie pas assez, raconte plusieurs anecdotes sur l'indiscipline de son héros.
Il rompt les rangs dans les manœuvres, manque
aux ordres de son colonel; mais le colonel
est sous le *charme*. Il ne sévit pas. En trois
ans, Brummell devient capitaine. Tout à coup
son régiment est commandé pour aller tenir
garnison à Manchester, et, sur cela seul, le
plus jeune capitaine du plus magnifique régiment de l'armée quitte le service. Il dit au
Prince de Galles qu'il ne voulait pas s'éloi-
gner de lui. C'etait plus aimable que de parler de Londres; car c'était Londres surtout
qui le retenait. Sa gloire était née là ; elle
était autochthone de ces salons où la richesse,
le loisir et le dernier degré de civilisation
produisent ces affectations charmantes qui ont
remplacé le naturel. La perle du Dandysme
tombée à Manchester, ville de manufacture,

c'est aussi monstrueux que Rivarol à Hambourg.

Il sauva l'avenir de sa renommée : il resta à Londres. Il prit un logement dans Chesterfield-Street, au n° 4, en face de Georges Selwyn, — un de ces astres de la mode qu'il avait fait pâlir. Sa fortune matérielle, assez considérable, n'était point au niveau de sa position. D'autres, et beaucoup parmi ces fils de lords et de nababs, avaient un luxe qui eût écrasé le sien, si ce qui ne pense pas pouvait écraser ce qui pense. Le luxe de Brummell était plus intelligent qu'éclatant ; il était une preuve de plus de la sûreté de cet esprit qui laissait l'écarlate aux sauvages, et qui inventa plus tard ce grand axiome de toilette : « Pour être bien mis, il ne faut pas être remarqué. » Bryan Brummell eut des chevaux de main, un excellent cuisinier et le *home* d'une femme qui serait poëte. Il donnait des

dîners délicieux où les convives étaient aussi
choisis que les vins. Comme les hommes de
son pays et surtout de son époque (1), il aimait à boire jusqu'à l'ivresse. Lymphatique et
nerveux, dans l'ennui de cette existence oisive
et anglaise, à laquelle le Dandysme n'échappe
qu'à moitié, il recherchait l'émotion de cette
autre vie que l'on trouve au fond des breu-
vages, qui bat plus fort, qui tinte et éblouit.
Mais alors, même le pied engagé dans le tour-
billonnant abîme de l'ivresse, il y restait maître

(1) Tous buvaient, depuis les plus occupés jusqu'aux plus oisifs, depuis les lazaroni de salon (les
Dandys) jusqu'aux ministres d'État. *Boire comme
Pitt et Dundas* est resté proverbe. Quand Pitt buvait,
cette grande âme que l'amour de l'Angleterre rem-
plissait, mais n'assouvissait pas, c'est de variété
qu'il avait soif. Les hommes forts cherchent souvent
à se donner le change; mais, hélas! la nature ne
le prend pas toujours.

de sa plaisanterie, de son élégance, comme Sheridan dont on parle toujours, parce qu'on le retrouve sans cesse au bout de toutes les supériorités.

C'est par là qu'il asservissait. Les prédicateurs méthodistes (et il n'y en a pas qu'en Angleterre), tous les myopes qui ont risqué leur mot sur Brummell, l'ont peint, et rien n'est plus faux, comme une espèce de poupée sans cerveau et sans entrailles; et, pour rapetisser l'homme davantage encore, ils ont rapetissé l'époque dans laquelle il vécut, en disant qu'elle avait sa folie. Tentative et peine inutiles! Ils ont beau frapper sur ce temps glorieux pour la Grande-Bretagne, comme on frappa sur la boule d'or dans laquelle l'eau qu'on voulait comprimer était renfermée : l'élément rebelle traversa les parois plutôt que de plier, et eux ne réduiront pas la société anglaise de 1794 à 1816 jusqu'à n'être qu'une société en décadence. Il est des siècles incompressibles qui résistent à tout ce qu'on en dit. La grande époque des Pitt, des Fox, des Windham, des Byron, des Walter Scott, deviendrait tout à coup petite parce qu'elle eût été remplie du nom de Brummell! Si une telle prétention est absurde, Brummell avait donc en lui quelque chose digne d'attirer et de captiver les regards d'une grande époque; — sorte de regards qui ne se prennent pas, comme les oisillons au miroir, seulement à l'appeau de vêtements gracieux ou splendides. Brummell, qui les a passionnés, attachait d'ailleurs beaucoup moins d'importance qu'on n'a cru à cet art de la toilette pratiqué par le grand Chatham (1). Ses tailleurs Davidson et Meyer, dont on a voulu faire, avec

(1) Le seul homme historique qui soit grand sans être simple.

toute la bêtise de l'insolence, les pères de sa
gloire, n'ont point tenu dans sa vie la place
qu'on leur donne. Écoutons Lister plutôt ; il
peint ressemblant : « Il lui répugnait de pen-
« ser que ses tailleurs étaient pour quoi que
« ce fût dans sa renommée, et il ne se fiait
« qu'au charme exquis d'une aisance noble
« et polie qu'il possédait à un très-remarqua-
« ble degré. » Lors de son début, il est vrai,
et avec ses tendances extérieures ; au moment
où le démocratique Charles Fox introduisait
(apparemment comme effet de toilette) le talon
rouge sur les tapis de l'Angleterre, Brummell
dut se préoccuper de la forme sous tous ses
aspects. Il n'ignorait pas que le costume a une
influence latente, mais positive, sur les
hommes qui le dédaignent le plus du haut de
la majesté de leur esprit immortel. Mais plus
tard il se déprit, comme le dit Lister, de
cette préoccupation de jeunesse, sans l'abolir

pourtant dans ce qu'elle avait de conforme à
l'expérience et à l'observation. Il resta mis
d'une façon irréprochable ; mais il éteignit les
couleurs de ses vêtements, en simplifia la
coupe, et les porta sans y penser. Il arriva
ainsi au comble de l'art qui donne la main au
naturel. Seulement, ses moyens de faire effet
étaient de plus haut parage, et c'est ce qu'on
a trop, beaucoup trop oublié. On l'a considéré
comme un être purement physique, et il était
au contraire intellectuel jusque dans le genre
de beauté qu'il possédait. En effet, il brillait
bien moins par la correction des traits que par
la physionomie. Il avait les cheveux presque
roux, comme Alfieri, et une chute de cheval,
dans une charge, avait altéré la ligne grecque
de son profil. Son air de tête était plus beau
que son visage, et sa contenance, — physionomie du corps, — l'emportait jusque sur la
perfection de ses formes. Écoutons Lister : « Il

« n'était ni beau ni laid ; mais il y avait dans
« toute sa personne une expression de finesse
« et d'ironie concentrée, et dans ses yeux
« une incroyable pénétration. » Quelquefois
ces yeux sagaces savaient se glacer d'indifférence sans mépris, comme il convient à un
Dandy consommé, à un homme qui porte en
lui quelque chose de supérieur au monde visible. Sa voix magnifique faisait la langue anglaise aussi belle à l'oreille qu'elle l'est aux
yeux et à la pensée. « Il n'affectait pas d'avoir
« la vue courte ; mais il pouvait prendre, —
« dit encore Lister, — quand les personnes
« qui étaient là n'avaient pas l'importance que
« sa vanité eût désirée, ce regard calme,
« mais errant, qui parcourt quelqu'un sans le
« reconnaître, qui ne se fixe ni ne se laisse
« fixer, que rien n'occupe et que rien n'é-
« gare. » Tel était le *beau* Georges Bryan
Brummell. Nous qui lui consacrons ces pages,

nous l'avons vu dans sa vieillesse, et l'on re-
connaissait ce qu'il avait été dans ses plus
étincelantes années ; car l'expression n'est pas
à la portée des rides, et un homme, remar-
quable surtout par la physionomie, est bien
moins mortel qu'un autre homme.

Du reste, ce que promettait sa physionomie, son esprit le tenait et au-delà. Ce n'était
pas pour rien que le rayon divin se jouait
autour de son enveloppe. Mais parce que son
intelligence, d'une espèce infiniment rare,
s'adonnait peu à ce qui maîtrise celle des
autres hommes, serait-il juste de la lui nier ?
Il était un grand artiste à sa manière ; seulement son art n'était pas spécial, ne s'exerçait
pas dans un temps donné. C'était sa vie même ;
le scintillement éternel de facultés qui ne se
reposent pas dans l'homme, créé pour vivre
avec ses semblables. Il plaisait avec sa personne, comme d'autres plaisent avec leurs

œuvres. C'était sur place qu'était sa valeur.
Il tirait de sa torpeur (1),—chose difficile,—
une société horriblement blasée, savante, en
proie à toutes les fatigues par l'émotion des
vieilles civilisations,—et, pour cela, il ne sa-
crifiait pas une ligne de sa dignité personnelle.
On respectait jusqu'à ses caprices. Ni Ethe-
rege, ni Cibber, ni Congreve, ni Vanburgh
ne pouvaient introduire un tel personnage
dans leurs comédies ; car le ridicule ne l'at-

(1) Sans sortir de la sienne. Il y a dans l'amabi-
lité, en effet, quelque chose de trop actif et de trop
direct pour qu'un Dandy soit parfaitement aimable.
Un Dandy n'a jamais la recherche et l'anxiété de
quoi que ce soit. Si donc l'on a pu se risquer à dire
que Brummell fut aimable à certains soirs, c'est que
la coquetterie des hommes puissants peut être très-
médiocre et paraître irrésistible. Ils sont comme les
jolies femmes à qui l'on sait gré de tout (quand on est
homme toutefois).

teignait jamais. Il ne l'eût pas esquivé à force
de tact, bravé à force d'aplomb, qu'il s'en
fût garanti à force d'esprit, — bouclier qui
avait un dard à son centre et qui changeait la
défense en agression. Ici on comprendra mieux
peut-être. Les plus durs à sentir la grâce qui
glisse sentent la force qui appuie; et l'empire
de Brummell sur son époque paraîtra moins
fabuleux, moins inexplicable, quand on saura,
ce qu'on ne sait pas assez, quelle force de
raillerie il avait. L'ironie est un génie qui dis-
pense de tous les autres. Elle jette sur un
homme l'air de sphynx qui préoccupe comme un
mystère et qui inquiète comme un danger (1).

(1) « Vous êtes un palais dans un labyrinthe, » écrivait une femme, impatientée de regarder sans voir et
de chercher sans découvrir. Elle ne se doutait pas
qu'elle exprimait là un principe de Dandysme. A la
vérité, n'est pas *palais* qui veut, mais on *peut* toujours être *labyrinthe*.

Or, Brummell la possédait, et s'en servait de
manière à transir tous les amours-propres,
même en les caressant, et à redoubler les
mille intérêts d'une conversation supérieure par
la peur des vanités qui ne donne pas d'esprit,
mais qui l'anime dans ceux qui en ont et fait
circuler plus vite le sang de ceux qui n'en ont
pas. C'est le génie de l'ironie qui le rendit le
plus grand mystificateur que l'Angleterre ait
jamais eu. « Il n'y avait pas, dit l'auteur de
« *Granby*, de gardien de ménagerie plus
« habile à montrer l'adresse d'un singe, qu'il
« ne l'était à montrer le côté grotesque caché
« plus ou moins dans tout homme; son talent
« était sans égal pour manier sa victime et
« pour lui faire exposer elle-même ses ridi-
« cules sous le meilleur point de vue possible. »
Plaisir, si l'on veut, quelque peu féroce; mais
le Dandysme est le produit d'une société qui
s'ennuie, et s'ennuyer ne rend pas bon.

5

C'est ce qu'il importe de ne pas perdre de
vue quand on juge Brummell. Il était avant
tout un Dandy, et il ne s'agit que de sa puissance. Singulière tyrannie qui ne révoltait pas !
—Comme tous les Dandys, il aimait encore
mieux étonner que plaire : préférence très-
humaine, mais qui mène loin les hommes ;
car le plus beau des étonnements, c'est l'épou-
vante. Sur cette pente où s'arrêter ? Brummell
le savait seul. Il versait à doses parfaitement
égales la terreur et la sympathie, et il en com-
posait le philtre magique de son influence. Son
indolence ne lui permettait pas d'avoir de la
verve, parce qu'avoir de la verve, c'est se passionner ; se passionner, c'est tenir à quelque
chose, et tenir à quelque chose, c'est se
montrer inférieur ; mais de sang-froid il avait
du trait, comme nous disons en France. Il
était mordant dans sa conversation autant
qu'Hazlitt dans ses écrits. Ses mots cruci-

fiaient (1) ; seulement son impertinence avait
trop d'ampleur pour se condenser et tenir dans
des épigrammes. Des mots spirituels qui l'expri-
maient, il la faisait passer dans ses actes, dans

(1) Il ne les lançait pas, mais les laissait tomber.
L'esprit des Dandys ne frétille et ne pétille jamais.
Il n'a point les mouvements de vif-argent et de flamme
de celui d'un Casanova, par exemple, ou d'un Beau-
marchais; par rencontre, il trouverait les mêmes mots
qu'il les prononcerait autrement. Les Dandys ont beau
représenter le Caprice dans une société classée et symé-
trique, ils n'en respirent pas moins, quelque bien
organisés qu'ils soient, la contagion de l'affreux Puritanisme. Ils vivent dans cette Tour de la Peste, et
une pareille habitation est malsaine. C'est pour cela
qu'ils parlent tant de dignité. Ils croiraient peut-être
en manquer s'ils s'abandonnaient à la frénésie de
l'esprit. Ils vivent toujours sur l'idée de dignité comme
sur un pal, — ce qui, — si souple qu'on soit, — gêne
un peu la liberté des mouvements et fait tenir par
trop droit.

son attitude, son geste et le son de sa voix.
Enfin, il la pratiquait avec cette incontestable
supériorité qu'elle exige entre gens comme il
faut pour être subie ; car elle touche à la
grossièreté comme le sublime touche au ridicule, et, si elle sort de la nuance, elle se perd.
Génie toujours à moitié voilé, l'impertinence
n'a pas besoin du secours des mots pour appa-
raître ; sans appuyer, elle a une force bien
autrement pénétrante que l'épigramme la plus
brillamment rédigée. Quand elle existe, elle
est le plus grand porte-respect qu'on puisse
avoir contre la vanité des autres si souvent
hostile, comme elle est aussi le plus élégant
manteau qui puisse cacher les infirmités qu'on
sent en soi. A ceux qui l'ont, qu'est-il besoin
d'autre chose ? N'a-t-elle pas plus fait pour la
réputation de l'esprit du prince de Talleyrand
que cet esprit même ? Fille de la légèreté et de
l'aplomb, — deux qualités qui semblent s'ex-

clure,—elle est aussi la sœur de la grâce, avec
laquelle elle doit rester unie. Toutes deux
s'embellissent de leur mutuel contraste. En
effet, sans l'impertinence, la grâce ne ressem-
blerait-elle pas à une blonde trop fade, et sans
la grâce l'impertinence ne serait-elle pas une
brune trop piquante ? Pour qu'elles soient
bien ce qu'elles sont chacune, il convient de
les entremêler.

Et voilà ce à quoi Georges Bryan Brummell
réussissait mieux que personne. Cet homme,
trop superficiellement jugé, fut une puissance
si intellectuelle qu'il régna encore plus par
les airs que par les mots. Son action sur
les autres était plus immédiate que celle qui
s'exerce uniquement par le langage. Il la pro-
duisait par l'intonation, le regard, le geste,
l'intention transparente, le silence même (1) ;

(1) Il jouait trop bien de la conversation pour n'être

et c'est une des explications à donner du peu
de mots qu'il a laissés. D'ailleurs, ces mots,
à en juger par ceux, que les Mémoires du
temps ont rapportés, manquent pour nous
de saveur ou en ont trop ; ce qui est une
manière d'en manquer encore. On y sent
l'âpre influence du génie salin de ce peuple

pas souvent silencieux ; mais ce silence n'avait pas la
profondeur du silence de qui écrivait : « Ils me re-
« gardaient pour savoir si je comprenais leurs idées
« sur je ne sais quoi et leurs jugements sur je ne
« sais qui. Mais ils me prenaient probablement pour
« quelque médiocrité de salon, et moi je jouissais
« de l'opinion présumable qu'ils avaient de ma per-
« sonne. J'ai pensé aux rois qui aiment à garder
« l'incognito. » Cette solitaire et orgueilleuse conscience de soi doit être inconnue aux Dandys. Le
silence de Brummell était un moyen de plus de faire
effet, la coquetterie taquine des êtres sûrs de plaire
et qui savent par quel bout s'allume le désir.

qui boxe et s'enivre, et qui n'est pas grossier
où nous, Français, nous cesserions d'être dé-
licats. Qu'on y songe : ce que l'on appelle
exclusivement *esprit*, dans les produits de la
pensée, tenant essentiellement à la langue, aux
mœurs, à la vie sociale, aux circonstances qui
changent le plus de peuple à peuple, doit mourir dépaysé dans l'exil d'une traduction. Même
les expressions qui le caractérisent pour chaque
nation sont intraduisibles avec netteté dans la
profondeur du sens qu'elles ont. Essayez,
par exemple, de trouver des corrélatifs exacts
au *wit,* à l'*humour,* au *fun,* qui constituent
l'esprit anglais dans son originale triplicité.
Muable comme tout ce qui est individuel,
l'esprit ne se transborde pas plus d'une langue
dans une autre, que la poésie qui, du moins,
s'inspire de sentiments généreux. Comme de
certains vins, qui ne savent pas voyager, il
doit être bu sur son terroir. Il ne sait pas

vieillir non plus ; il est de la nature des plus
belles roses qui passent vite, et c'est peut-être
le secret du plaisir qu'il cause. Dieu a souvent
remplacé la durée par l'intensité de la vie,
afin que le généreux amour des choses péris-
sables ne se perdît pas dans nos cœurs.

On ne citera donc pas les mots de Brummell..
Ils ne justifieraient pas sa renommée, et pourtant ils la lui méritèrent ; mais les circonstances dont ils ont jailli, et qui les avaient
chargés d'électricité, pour ainsi dire, ne sont
plus. Ne remuons pas, ne comptons pas
ces grains de sable qui furent des étincelles et
que le temps dispersa après les avoir éteints.
Grâce à la diversité des vocations, il y a
des gloires qui ne sont rien de plus que du
bruit dans un silence et qui doivent à jamais alimenter la rêverie en désespérant la
pensée.

Seulement, comment n'être pas frappé de

ce vague de gloire tombant sur un homme aussi positif que Brummell, qui l'était trois fois, puisqu'il était vaniteux, Anglais et Dandy. Comme tous les gens positifs qui ne vivent pas loin d'eux-mêmes et qui n'ont de foi et de volonté que pour les jouissances immédiates, Brummell ne désira jamais que celles-là et il les eut à foison. Il fut payé par la destinée de la monnaie qu'il estimait le plus. La société lui donna tous les bonheurs dont elle dispose, et pour lui il n'y avait pas de plus grandes félicités (1); car il ne pensait pas comme Byron,

(1) Les moralistes demanderont insolemment : Fut-il heureux de cet unique bonheur du monde qui fait pitié ? Et pourquoi pas ?... La vanité satisfaite peut suffire à la vie aussi bien que l'amour satisfait. Mais l'ennui ?... Eh, mon Dieu ! c'est la paille où se rompt l'acier le mieux trempé en fait de bonheur. C'est le fond de tout et pour tous, à plus forte raison

— tantôt renégat et tantôt relaps du Dandysme, — que le monde ne vaut pas une seule
des joies qu'il nous ôte. A cette vanité, éter-
nellement enivrée, le monde n'en avait pas
ôté. De 1799 jusque vers 1814, il n'y eut
pas de *rout* à Londres, pas de fête où la présence du grand Dandy ne fût regardée comme
un triomphe et son absence comme une ca-
tastrophe. Les journaux imprimaient son nom
à l'avance en tête des plus illustres invités. Aux
bals d'Almack, aux *meetings* d'Ascott, il pliait
tout sous sa dictature. Il fut le chef du Club
Watier dont lord Byron était membre avec lord

pour une âme de Dandy, pour un de ces hommes
dont on a dit bien ingénieusement, mais bien triste-
ment aussi : « Ils rassemblent autour d'eux tous les
« agréments de la vie, mais ainsi qu'une pierre qui
« attire la mousse, sans se laisser pénétrer par la fraî-
« cheur qui la couvre. »

Alvanley, Mildmay et Pierrepoint. Il était l'âme
(est-ce l'âme qu'il faut dire?) du fameux pa-
villon de Brighton, de Carlton-House, de
Belvoir. Lié plus particulièrement avec Sheridan, la duchesse d'York, Erskine, lord
Townshend, et cette passionnée et singulière
duchesse de Devonshire, poëte en trois langues,
et qui embrassait les bouchers de Londres,
avec ses lèvres patriciennes, pour enlever des
voix de plus à M. Fox, il s'imposait jusqu'à
ceux qui pouvaient le juger, qui auraient pu
trouver le creux sous le relief, si réellement il
n'avait été que le favori du hasard. On a dit
que Mme de Staël fut presque affligée de ne
pas lui avoir plu. Sa toute-puissante coquetterie d'esprit fut repoussée par l'âme froide
et la plaisanterie éternelle du Dandy, de ce
capricieux de neige qui avait d'excellentes
raisons pour se moquer de l'enthousiasme.
Corinne échoua sur Brummell comme sur

Bonaparte : rapprochement qui rappelle le
mot de lord Byron cité déjà. Enfin, succès
plus original encore : une autre femme, lady
Stanhope, l'amazone arabe qui sortit au galop
de la civilisation européenne et des routines
anglaises, — ce vieux cirque où l'on tourne en
rond, — pour ranimer ses sensations dans
le péril et dans l'indépendance du désert, ne
se rappelait, après bien des années d'absence,
de tous les civilisés laissés derrière elle que le
plus civilisé peut-être, — le Dandy Georges
Brummell.

Certes, quand on fait le compte de ces
impressions vivantes, ineffaçables, sur les
premières têtes d'une époque, on est obligé
de traiter celui qui les a produites, fût-ce
un fat, avec le sérieux que l'on doit à tout
ce qui prend en vainqueur les imaginations
des hommes. Les poëtes, par cela seul qu'ils
réfléchissent leur temps, se sont impré-

gnés de Brummell. Moore l'a chanté ; mais
qu'est-ce que Moore (1) ? Brummell fut peut-
être une des muses de *Don Juan*, invisi-
bles au poëte. Toujours est-il que ce poëme
étrange a le ton essentiellement dandy d'un
bout à l'autre, et qu'il éclaire puissamment
l'idée que nous pouvons concevoir des qualités et du genre d'esprit de Brummell. C'est
par ces qualités évanouies qu'il monta sur
l'horizon et s'y maintint. Il n'en descendit
pas ; mais il en tomba, emportant avec lui,
dans sa perfection, une chose qui, depuis
lui, n'a plus reparu que dégradée. Le *turf*
hébétant a remplacé le Dandysme. Il n'y a
plus maintenant dans la *high life* que des
jockeys et des fouetteurs de chiens.

(1) Le sentiment irlandais à part, un poëte de papier rose mâché.

XI.

On touche vite, quand on écrit cette
histoire d'impressions plutôt que de faits,
à la disparition du météore, à la fin de cet
incroyable roman (qui n'est pas un conte),
dont la société de Londres fut l'héroïne et
Brummell le héros. Mais, dans la réalité,
cette fin se fit long-temps attendre. A défaut
de faits, — la mesure historique du temps, —
qu'on prenne les dates, et l'on jugera de la
profondeur de cette influence par sa durée.
De 1794 à 1816, il y a vingt-deux ans.
Or, dans le monde moral comme dans le
monde physique, ce qui est léger se déplace
aisément. Un succès continu de tant d'années
montre donc que c'était bien à un besoin de
nature humaine, sous la convention sociale,

que répondait l'existence de Brummell. Aussi, quand plus tard il fut obligé de quitter l'Angleterre, l'intérêt qu'il avait concentré sur sa personne n'était pas épuisé. L'enthousiasme ne se détournait pas de lui. En 1812, en 1813, il était plus puissant que jamais, malgré les échecs que le jeu avait faits à sa fortune matérielle, la base de son élégance; en effet, il était fort grand joueur. On n'a pas besoin d'examiner s'il avait trouvé dans son organisme ou dans les tendances de la société qu'il voyait cette audace de l'inconnu et cette soif d'aventures qui fait les joueurs et les pirates; mais ce qu'il y a de certain, c'est que la société anglaise est encore plus avide d'émotions que de guinées, et qu'on ne domine une société qu'en épousant ses passions. Outre les pertes au jeu, une autre raison, à ce qu'il semble, pour que Brummell déclinât, c'était sa brouillerie avec le prince qui l'avait aimé

et qui avait été, pour ainsi dire, le seul cour-
tisan de leurs relations. Le Régent commen-
çait à vieillir. L'embonpoint, ce polype qui
saisit la beauté et la tue lentement dans ses
molles étreintes, l'embonpoint l'avait pris,
et Brummell, avec son implacable plaisanterie et cet orgueil de tigre que le succès
inspire aux cœurs, s'était quelquefois moqué
des efforts de coquette impuissante à réparer
les dégâts du temps qui compromettaient le
Prince de Galles. Comme il y avait à Carlton-
House un concierge d'une monstrueuse cor-
pulence qu'on avait surnommé *Big-Ben* (le
Gros-Ben), Brummell avait déplacé le surnom
du valet au maître. Il appelait aussi Mme Fitz-
Herbert *Benina*. Ces audacieuses dérisions ne
pouvaient manquer de pénétrer jusqu'au fond
de ces âmes vaniteuses, et Mme Fitz-Herbert
ne fut pas la seule des femmes qui entouraient
le Prince Héréditaire à s'offenser des fami-

liarités de l'ironie de Brummell. Telle fut ,
pour le dire en passant, la cause réelle de la disgrâce qui frappa soudainement le grand Dandy.
L'histoire de la sonnette , racontée d'abord
pour l'expliquer , est apocryphe, à ce qu'il
paraît (1). M. Jesse ne s'appuie pas seulement
pour la repousser sur la dénégation de Brummell , mais encore sur la vulgaire impudence
(*the vulgar impudence*) qu'elle révèle, et il a
raison ; car l'impudence était bien souvent dans
le Dandy , mais la vulgarité n'y était jamais.
Un fait d'ailleurs isolé, quelque expressif qu'il
soit, ne vaut pas en gravité pour motiver une

(1) Voici l'histoire. Brummell aurait un soir, à
souper et pour gagner le plus irrespectueux pari,
donné cet ordre au Prince de Galles : « Georges,
sonnez, » en lui montrant la sonnette. Le Prince,
qui eût obéi, aurait dit au domestique qui entra,
en lui désignant Brummell : « Menez à son lit cet
ivrogne. »

disgrâce les cent mille coups de dard d'aspic lancés par Brummell de sa façon la plus légère contre les affections du Régent. Ce que le mari de Caroline de Brunswick avait toléré, l'amant de Mme Fitz-Herbert, de lady Conyngham ne devait pas le supporter (1). Et l'eût-il supporté

(1) L'influence et même la plaisanterie de Brummell fut pour beaucoup dans l'éloignement du Prince de Galles pour Caroline de Brunswick. On sait que cette fameuse première nuit de noces, passée par le Prince sur un tapis au coin du feu, pendant que sa jeune femme l'attendait sous les plumes d'autruche du lit nuptial, avait été précédée d'un souper avec les Dandys. Ces hommes positifs n'aimaient pas le vaporeux sentimentalisme qui se matérialisa un peu depuis, mais qu'apportait alors Caroline dans ses bagages d'Allemande ; et d'ailleurs elle était la femme légitime dans le pays du bonheur conjugal officiel et des *verseuses* de thé! Or, le Dandysme, qui aime l'imprévu et déteste la pédanterie des vertus domestiques, doit mieux aimer tous les malheurs

encore, le favori eût-il impunément blessé les favorites, que le Prince, attaqué dans sa personne physique, son véritable *moi*, ne l'aurait pas souffert sans ressentiment. Le « Quel est ce gros homme ? » dit publiquement par Brummell, à Hyde Park, en désignant Son

par les maîtresses, que l'imperturbable bonheur public de lord et de lady Grey, par exemple, si vanté par madame de Staël. Les Dandys qui coudoient ces bonheurs légaux en Angleterre, n'ont pas et ne peuvent pas avoir les opinions de madame de Staël, qui ne les rencontrait guère dans les salons de Paris. Ce qui fait la poésie, c'est la distance, et il faut bien que l'imagination ait toujours sa chimère à caresser ; mais quand la femme qui se peignit dans Corinne, qui aima D...., qui aima C...., qui aima T....., caresse celle-là, elle est moins dans la vérité du cœur et de l'imagination que les Dandys, et elle ravale madame de Staël jusqu'à n'être plus que la fille de madame Necker.

Altesse Royale , et une foule d'autres mots
semblables expliquent tout bien mieux qu'un
oubli de convenances, justifié du reste par un
pari.

Mais ni l'éloignement rancunier du Prince
ni les revers au jeu n'avaient encore , vers
cette époque (1813) , ébranlé la position de
Brummell. La main qui avait servi à son élévation , en se retirant ne l'avait pas fait tomber , et l'opinion des salons lui était demeurée
fidèle. Ce ne fut pas assez. Le Régent vit avec
amertume un Dandy à moitié ruiné lutter
fièrement d'influence contre lui, l'homme le
plus élevé de la Grande-Bretagne. Anacréon-
Archiloque Moore, qui n'écrivait pas toujours
sur du papier bleu céleste , et dont la haine
irlandaise savait trouver parfois le mot qui
poignarde le mieux , mettait dans la bouche
du Prince de Galles ces vers adressés au duc
d'York et cités partout : « Je n'ai jamais eu

« de ressentiment ou d'envie de nuire à per-
« sonne, excepté, maintenant que j'y pense,
« au Beau Brummell, qui m'a menacé l'an
« dernier avec colère de me faire rentrer dans
« le néant et d'introduire, à ma place, dans
« la fashion le vieux roi Georges. » Ces vers
offensants ne donnaient-ils pas raison au propos
tenu par le roi des Dandys sur le Dandy Royal
au colonel Mac-Mahon : « Je l'ai fait ce qu'il
est, je peux bien le défaire », et ne prou-
vaient-ils pas jusqu'à l'évidence combien le
pouvoir d'opinion qu'exerçait ce Warwick de
l'élégance lui appartenait en propre et à quel
point il était indépendant et souverain ? Une
autre preuve encore plus éclatante de ce pouvoir fut donnée, en cette même année 1813,
par les chefs du Club Watier, qui, préparant
une fête solennelle, mirent en sérieuse déli-
bération s'ils inviteraient le Prince de Galles,
par cela seul qu'il était brouillé avec G. Brum-

mell. Il fallut que Brummell, qui savait mettre
de l'impertinence jusque dans ses générosités,
insistât fortement pour que le Prince fût invité.
Sans nul doute, il était bien aise de voir chez
lui (puisqu'il était du Club) l'amphitryon qu'il
ne voyait plus à Carlton-House, de se ménager
ce face à face en présence de toute la jeunesse
dorée de l'Angleterre ; mais le Prince, au-
dessous de lui-même dans cette entrevue ,
oubliant ses prétentions de gentilhomme ac-
compli, ne se souvint pas même des devoirs
que l'hospitalité impose à ceux qui la reçoivent,
et Brummell, qui s'attendait à opposer Dandysme à Dandysme, répondit à l'air de la bou-
derie par cette élégante froideur qu'il portait
sur lui comme une armure et qui le rendait
invulnérable (1).

(1) *Qui le faisait croire invulnérable* serait peut-
être mieux dit. Mais le beau soupir de lassitude de

De tous les clubs de l'Angleterre, c'était
précisément ce Club Watier où la fureur du
jeu dominait le plus. Il s'y passait d'affreux
scandales. Ivres de porto gingembré, ces *blasés,*
dévorés de *spleen*, y venaient chaque nuit
cuver le mortel ennui de leur vie et soulever
leur sang de Normand, — ce sang qui ne bout
que quand on prend ou qu'on pille, — en
exposant sur un coup de dé les plus magni-
fiques fortunes. Brummell, on l'a vu, était
l'astre de ce fameux club. Il ne l'aurait point
été s'il ne se fût pas plongé au plus épais du

Cléopâtre dans Shakspeare : « Ah ! si tu savais quel
travail c'est que de porter cette nonchalance aussi
près du cœur que je la porte ! » est étouffé dans la
poitrine des Dandys. Ces stoïciens de boudoir boivent
dans leur masque leur sang qui coule, et restent
masqués. *Paraître*, c'est *être* pour les Dandys comme
pour les femmes.

jeu et des paris qu'on y tenait. A la vérité, il n'était ni plus ni moins joueur que tous ceux qui s'agitaient dans ce charmant Pandémonium où l'on perdait des sommes immenses avec l'indifférence parfaite qui, dans ces occasions, était pour les Dandys ce qu'était la grâce pour les gladiateurs tombant au cirque. Beaucoup, — ni plus ni moins que lui, — éprouvèrent dans tous les sens la chance commune; mais beaucoup aussi purent l'affronter plus long-temps. Quoiqu'habile, à force de sang-froid et d'habitude, il ne pouvait rien contre le hasard qui devait mâter le bonheur de sa vie par la pauvreté de ses derniers jours. En 1814, les étrangers arrivés à Londres, les officiers russes et prussiens des armées d'Alexandre et de Blücher, redoublèrent la conflagration du jeu parmi les Anglais. Ce fut pour Brummell le moment terrible du désastre. Il y avait dans sa gloire et dans sa position un côté aléatoire par

lequel l'une et l'autre devaient s'écrouler.
Comme tous les joueurs, il s'acharna contre le
sort et fut vaincu. Il eut recours aux usuriers
et s'engouffra dans les emprunts : on a dit
même, avec sa dignité ; mais rien de précis
n'a été articulé à cet égard. Ce qui aurait pu
autoriser quelques bruits peut-être, c'est qu'il
était doué des qualités dangereuses qui re-
lèvent, par la pose, jusqu'à la bassésse (1), et

(1) Ces qualités ont toujours entraîné ceux qui les
eurent. Voyez, par exemple, Henri IV, le duc d'Orléans (le Régent), Mirabeau, etc., etc. Henri IV
ne les avait qu'un peu, il est vrai ; mais le Régent
d'Orléans les avait beaucoup, et Mirabeau énormé-
ment. Mirabeau mettait autant de fierté à secouer la
fange, que le duc d'Orléans de gaîté et de grâce à
en affronter les souillures. N'a-t-on pas vu celui-ci
spiritualiser des coups de pied au derrière ?... et
de quel pied ?.... du pied de bouc de Dubois. Plus
coupables en cela, ces profanateurs de facultés ado-

qu'il en abusa parfois. Ainsi, par exemple, on
se souvenait de l'avoir vu accepter, dans ses
gênes dernières, une somme assez considérable
de quelqu'un qui voulait compter parmi les
Dandys, en se réclamant de l'homme qu'ils
reconnaissaient pour leur maître. Depuis,
l'argent ayant été redemandé au milieu d'un
cercle nombreux, Brummell avait tranquille-
ment répondu à l'importun créancier qu'il
avait déjà été payé. « Payé! quand? » avait
dit le prêteur surpris, et Brummell avait répondu avec son ineffable manière : « Mais,
quand je me tenais à la fenêtre de White et
que je vous ai dit, à vous qui passiez : *Jemmy,
comment vous portez-vous?* » Une telle réponse traînait la grâce jusqu'au cynisme, et il

rables, que Brummell ; car ils n'avaient pas comme
lui, en face d'eux, une société puritaine ; ce qui explique tous les excès et justifie de bien des torts.

n'en faut pas beaucoup de semblables pour que les hommes qui les entendent ne prennent plus la peine d'être justes.

Du reste, l'heure où l'on ne l'est plus pour personne, l'heure du malheur, allait sonner pour Brummell. Sa ruine était consommée ; il le savait. Avec son impassibilité de Dandy, il avait calculé, montre à la main, le temps qu'il devait rester sur le champ de bataille, sur le théâtre des plus admirables succès qu'homme du monde ait jamais eus, et il avait résolu de n'y pas montrer l'humiliation après la gloire. Il fit comme ces fières coquettes qui aiment mieux quitter ce qu'elles aiment encore que d'être quittées par qui ne les aime plus. Le 16 de mai 1816, après avoir dîné d'un chapon envoyé par Watier, il but une bouteille de bordeaux (1) — Byron

(1) Système physiologique anglais. Le courage

en avait bu deux quand il avait répondu à
l'article de la *Revue d'Édimbourg* par sa
satire des *Bardes anglais et des Critiques
écossais*, — et il écrivit, sans espoir et non-
chalamment, comme un homme perdu tente
le sort, cette lettre qu'on a déjà citée :

« Mon cher Scrope, envoyez-moi deux
« cents livres. La Banque est fermée et tous
« mes fonds sont dans le trois pour cent.
« Je vous rendrai cet argent demain matin.
« Tout à vous.

« GEORGES BRUMMELL. »

Il lui fut répondu immédiatement par Scrope

moral se détermine comme le courage physique. Les
Anglais sont de mauvais soldats s'ils sont mal nourris.
La gloire de Wellington est d'avoir toujours été un
excellent fournisseur.

Davies ce billet, spartiate de laconisme et
d'amitié :

« Mon cher Georges, c'est très-malheu-
« reux; mais tous mes fonds sont dans le
« trois pour cent. Tout à vous.

                            « SCROPE. »

Brummell était trop Dandy pour se blesser
d'un tel billet. Il n'était pas homme à moraliser
là-dessus, dit spirituellement M. Jesse. Il avait
jeté, par amour de joueur pour les décisions
du hasard, une feuille sur l'eau, et l'eau l'emportait ! La réponse de Scrope avait une sécheresse cruelle; mais elle n'était pas vulgaire.
De Dandy à Dandy, l'honneur restait donc
sain et sauf. Brummell fit une stoïque toilette
et le soir même parut à l'Opéra. Il y fut ce
qu'est le Phénix sur son bûcher et plus beau
encore, car il sentait qu'il ne renaîtrait pas

de ses cendres. En le voyant, qui aurait dit
un homme foudroyé ? Après l'opéra , la voi-
ture qu'il prit fut une chaise de poste. Le 17
il était à Douvres et le 18 il avait quitté l'Angleterre. Quelques jours après ce départ , on
vendit *by auction* et par ordre dū sheriff de
Middlesex, l'élégant mobilier du Dandy *(man of
fashion)* « parti pour le continent, » ainsi que
le disait le livre de vente. Les acheteurs furent
ce qu'il y avait de plus à la mode à Londres et de
plus distingué dans l'aristocratie anglaise. On
comptait parmi eux le duc d'York , les lords
Yarmouth et Besborough, lady Warburton, sir
H. Smyth , sir H. Peyton, sir W. Burgoyne,
les colonels Sheddon et Cotton , le général
Phipps, etc. , etc. Tous voulaient, et payèrent
comme des Anglais qui désirent , ces reliques
précieuses d'un luxe épuisé ; ces objets con-
sacrés par le goût d'un homme , ces frêles
choses fungibles , touchées et à moitié usées

par Brummell. Ce qui fut payé le plus cher
par cette société opulente chez laquelle le su-
perflu était devenu le nécessaire, fut précisément ce qui avait le moins de valeur en soi,
les babioles (*the knick-knacks*) qui n'existent
que par la main qui les a choisies et le caprice
qui les a fait naître. Brummell passait pour
avoir une des plus nombreuses collections
de tabatières qu'il y eût en Angleterre. On
en ouvrit une dans laquelle on trouva écrit
de sa main : « Je destinais cette boîte au
Prince Régent, s'il s'était mieux conduit avec
moi. » Le naturel d'une pareille phrase la rend
plus impertinente encore. Il n'y a que des
fatuités de petite espèce qui manquent de
simplicité.

Arrivé à Calais, « cet asile des débi-
teurs anglais », Brummell chercha à trom-
per l'exil. Il avait emporté dans sa fuite
quelques débris de sa magnificence passée,

et ces débris d'une fortune anglaise étaient
presque une fortune en France. Il loua chez
un libraire de la ville un appartement qu'il
meubla avec une somptueuse fantaisie, et de
manière à rappeler son boudoir de Chesterfield-Street ou ses salons de Chapel-Street ,
dans Park-Lane. Ses amis , s'il est permis de
tracer un mot si sincère , car les amis d'un
Dandy sont toujours un peu les sigisbées de
l'amitié , fournirent aux dépenses de sa vie
qui garda longtemps un certain éclat. Le duc
et la duchesse d'York , avec lesquels il s'était
lié plus étroitement depuis sa rupture avec le
Prince de Galles , M. Chamberlayne et beaucoup d'autres , alors et plus tard , vinrent très-
noblement en aide au *Beau* malheureux , montrant ainsi , et plus éloquemment que jamais ,
la force d'impression qu'il avait exercée sur
tous ceux qui l'avaient connu. Il fut pensionné
par les hommes qu'il avait charmés , comme

un écrivain, un orateur politique le sont quelquefois par les partis dont ils représentent
les opinions. Cette libéralité, qui n'emporte
avec elle aucune idée dégradante dans les
mœurs anglaises, n'était pas nouvelle. Chatham
n'avait-il pas reçu une somme considérable de
la vieille duchesse de Marlborough, pour un
discours d'opposition, et Burke lui-même, qui
n'avait pas la largeur de Chatham et qui faisait
du *bombast* en vertu comme en éloquence,
n'avait-il pas accepté du ministre, le marquis
de Rockingham, une propriété qui le rendit
éligible au Parlement ? Ce qui était nouveau,
c'était la cause même de cette libéralité. On
était reconnaissant au nom d'un plaisir senti
comme au nom d'un service rendu, et l'on
avait raison; car le plus grand service à rendre aux sociétés qui s'ennuient, n'est-ce pas
de leur donner un peu de plaisir ?

Mais il y eut plus étonnant encore que cet

7

exemple d'une reconnaissance toujours rare.
L'ascendant du Dandy n'était pas mort du
coup de l'absence ; il survivait à son départ.
Les salons de la Grande-Bretagne s'occupèrent
autant de Brummell exilé que quand il était
là , dictant ses arrêts à ce monde qu'on soumet
quand on l'aime , mais qui écrase quand on
le fuit. L'attention publique perçait le brouil-
lard , franchissait la mer et l'atteignait sur
l'autre rive , dans cette ville étrangère où il
s'était réfugié. La fashion fit maint pélerinage
à Calais. On y vit les ducs de Wellington, de
Rutland , de Richmond , de Beaufort , de
Bedford , les lords Sefton , Jersey, Willoughby
d'Eresby , Craven , Ward et Stuart de Ro-
thesay. Aussi superbe qu'à Londres, Brummell
conserva toutes les habitudes de sa vie extérieure. Un jour lord Westmoreland , passant
par Calais , lui manda qu'il serait heureux de
lui donner à dîner et que le dîner serait pour

trois heures. Le *Beau* répondit qu'il ne man-
geait jamais à cette heure-là et refusa Sa Sei-
gneurie. Il vivait, du reste, avec la monotone
routine des Anglais oisifs sur le continent, et
dans une solitude troublée seulement par les vi-
sites de ses compatriotes. Quoiqu'il n'affectât pas
de hauteur aristocratique ou misanthropique, sa
courtoisie avait si grand air qu'elle n'attirait
pas beaucoup les hommes dont le hasard
l'avait rapproché ; il restait étranger par le langage (1), et il le restait davantage par les ha-

(1) On sait la plaisanterie de Scrope Davies, à
laquelle Byron fit l'honneur d'un écho dans un de ses
poëmes : « Comme Napoléon, en Russie, Brummell,
apprenant le français, fut vaincu par les *éléments*. »
C'est trop que cela, mais c'est une plaisanterie. Il
resta, il est vrai, incorrect et Anglais dans notre
langue, comme toutes ces bouches accoutumées à
mâcher le caillou saxon et à parler au bord des
mers ; mais sa manière de dire, corrigée par l'aris-

bitudes de son passé. Un Dandy est plus insulaire qu'un Anglais ; car la société de Londres ressemble à une île dans une île, et d'ailleurs il ne faut pas être trop souple pour y paraître distingué. Cependant, malgré sa réserve un peu orgueilleuse (1), il résistait moins aux avances quand on les faisait sous les apparences d'un bon dîner. Son amour de la table, fin comme un goût et exigeant comme une pas-

tocratie, sinon par la propriété des mots, et ses manières de *gentleman* irréprochable, donnaient à ce qu'il disait une distinction étrange et étrangère, une originalité sérieuse, quoique piquante, et qui n'existait pas à ses dépens.

(1) Les Dandys ne brisent jamais complétement en eux le puritanisme originel. Leur grâce, si grande qu'elle soit, n'a point le *dénoué* de. celle de Richelieu ; elle ne va jamais jusqu'à l'oubli de toute réserve. A Londres, quand on est prévenant, dit le prince de Ligne, on passe pour étranger.

sion , avait toujours été un des côtés les plus développés de son sybaritisme. Cette sensualité assez commune dans les hommes spirituels , rendait sa vanité moins intraitable ; mais son incomparable aplomb couvrait tout. « Qu'est cela qui vous salue , Sefton ? » disait-il à lord Sefton , dans une promenade publique ; et c'était l'hnonête provincial chez lequel, lui, Brummell , dînait le jour même, qui le saluait.

Il habita Calais plusieurs années. Sous le vernis de cette vanité toujours en grande tenue , il cacha probablement bien des douleurs. Parmi toutes les autres il y en eut aussi d'intelligence. En effet , suprêmement homme de conversation , la conversation lui était devenue impossible (1). Son esprit, qui avait besoin

(1) On parle plusieurs langues, mais on ne cause

pour s'enflammer de l'étincelle de l'esprit d'autrui, demeurait sans ressource. Rude angoisse

que dans une seule. Paris même pour Brummell n'aurait pas remplacé Londres. D'ailleurs Paris n'est pas plus le pays de la causerie que toute autre ville maintenant. La conversation y est à peu près nulle, et Mme de Staël n'aimerait plus guère son *ruisseau de la rue du Bac*. A Paris, on pense trop à l'argent qu'on n'a pas, et l'on se croit trop l'égal de tout le monde pour bien causer. On ne jette pas plus l'esprit par les fenêtres qu'autre chose. A Londres, les intérêts d'une fortune à faire agitent et dominent beaucoup d'esprits; mais à une certaine hauteur on trouve une société qui peut penser à mieux que cela. Puis il y a des rangs, un classement (bon ou mauvais, ce n'est pas la question ici), et voilà ce qui fait mousser l'esprit en le comprimant. Dans une pareille société, il faut tant de finesse pour être impertinent et tant de grâce pour que les politesses donnent du plaisir! Or, les difficultés créent les héros. Mais à Paris, c'est trop facile que la vie de salon; c'est entrer et sortir. Les écrivains, les

que madame de Staël a sentie ! La pensée qu'il lançait son nom jusqu'à Londres , que les plus pimpants de ce monde qu'il ne han-

artistes qui devraient ranimer les sensations dans les autres et du moins avoir toujours sur leur esprit la limaille d'or de leurs travaux, sont dans le monde aussi éteints que les gens médiocres. Fatigués de penser ou de faire semblant toute la journée, ils y viennent le soir se délasser à écouter de la musique qui les fait rêver comme des fakirs, ou à prendre du thé comme des Chinois.

Brummell vint à Paris; mais il n'y resta pas. Qu'y eût-il fait? Il n'avait plus le luxe qui l'aurait rendu charmant, eût-il été bête et laid autant que le prince T......... Il n'avait que des manières dont le sens se perd de plus en plus tous les jours. On n'eût rien compris au passé d'un pareil homme : triste impression pour lui, et pour les autres triste spectacle ! Mme Guiccioli en a donné un pareil, et pourtant c'est une femme, et quand il s'agit d'une femme, il y a toujours du sexe et des nerfs dans nos opinions.

tait plus, venaient de temps en temps lui
apporter quelque souvenir mêlé d'une curiosité impérissable, ne suffisait plus pour le
dédommager de ce qu'il avait perdu. Mais la
vanité d'un Dandy, quand elle souffre, est
presque de l'orgueil ; elle devient muette
comme la honte. Qui a tenu compte de cela
à l'homme frivole ? Ne sachant peut-être
comment occuper des facultés désormais inutiles, il se jeta dans une correspondance avec
la duchesse d'York, pour laquelle il peignit
un écran très-compliqué et dont il inventa les
figures. A Belvoir, à Oatlands, partout le duc
et la duchesse d'York l'avaient comblé; mais
depuis la trahison de la fortune, la duchesse
lui avait montré un sentiment qui jette un
reflet de sérieuse tendresse sur cette vie bril-
lante et aride (1). Brummell ne l'oublia jamais.

(1) Ce sentiment est singulier. L'amitié n'existe

Il paraît même que, sans l'amitié de la duchesse
d'York, à laquelle il avait promis de ne point

pas entre les femmes (pourquoi la vérité n'est-elle pas
toujours originale ?), et un Dandy est femme par
certains côtés. Quand il ne l'est plus, il est pis qu'une
femme pour les femmes ; c'est un de ces monstres chez
qui la tête est au-dessus du cœur. Même en amitié,
c'est détestable. Il y a dans le Dandysme quelque
chose de froid, de sobre, de railleur et, quoique con-
tenu, d'instantanément mobile, qui doit choquer im-
mensément ces dramatiques machines à larmes pour
qui les attendrissements sont encore plus que la tendresse. Dans l'extrême jeunesse, par exemple, l'odieux
puritanisme les choque moins. Les jeunes hommes très-
graves plaisent aux très-jeunes personnes. Dupes d'une
pose et bien souvent d'un embarras qui se guinde pour
n'être pas aperçu, elles rêvent la profondeur devant
le vide. Avec un Dandy, devant la légèreté de l'esprit elles rêvent cette autre légèreté dont les mères
parlent, en pinçant le bec, devant leurs filles. Malgré cela pourtant, — et peut-être à cause de cela,

révéler ce qu'il savait de la vie intime du Régent, il aurait écrit des Mémoires et refait ainsi sa fortune ; car les libraires de Londres lui proposèrent des sommes immenses pour prix de ses indiscrétions. Ce silence très-délicat, du reste (que la duchesse le lui ait fait garder ou qu'il l'ait gardé de lui-même), ne toucha pas beaucoup l'épais égoïsme de Georges IV. Quand il traversa Calais, il est vrai, pour aller visiter son royaume de Hanovre (1821), il laissa, avec la mollesse d'une âme blasée, arranger les choses autour de lui pour une réconciliation ; mais Brummell ne se prêta qu'à moitié

car qui elles ne dominent pas les domine, — elles peuvent très-bien aimer d'amour un insupportable Dandy ; et, en général, qui ne peut-on aimer d'amour dans la vie ? Mais il ne s'agit ici que d'amitié, c'est-à-dire, encore plus d'un choix que d'une sympathie.

à ces combinaisons officieuses. Comme *la vanité ne nous lâche jamais, même sur la roue,*
il ne voulut point demander d'audience au
Prince qui n'était qu'un Dandy fort inférieur à
ce qu'il était, lui, à ses propres yeux. Placé
sur le passage de Georges, il s'y tint avec une
douloureuse contrainte. L'ancien convive de
Carlton-House le vit sans l'espèce d'émotion
qu'on trouve à revoir un compagnon de sa jeunesse, — ce regret souriant du passé, poésie à
l'usage des plus vulgaires. Dans un autre moment, comme on lui offrit une tabatière qu'il
reconnut pour avoir fait partie de la fameuse
collection de Brummell, il demanda qu'on le
lui présentât et fixa l'heure de la réception
pour le lendemain. Que serait-il arrivé s'il
l'avait vu ? Le *roi de Calais*, comme on disait
de Brummell, serait-il retourné réguer à
Londres ? Mais le lendemain, des dépêches
ayant forcé Georges IV d'avancer l'heure du

départ, Brummell fut parfaitement oublié. Son peu d'empressement avait été au moins égal à l'indifférence du Prince. C'était une faute que cet indolent dégoût de toute avance vis-à-vis du roi d'Angleterre, quand on se place au point de vue de la politique de la vie; mais, s'il ne l'avait pas commise, il aurait été moins Brummell (1).

(1) On pense involontairement aux vers divins (dans le *Sardanapale*) :

If . . . .
. . . . . thou feel'st an inward shrinking from
This leap through flame into the future, say it :
I shall not love thee less ; nay, perhaps more,
For yielding to thy nature......

« Si tu ne peux sans froide horreur songer à te
« lancer dans l'avenir à travers ces flammes, dis-le :
« *je ne t'en aimerai pas moins, oh ! non, et peut-*
« *être t'en aimerai-je davantage, pour avoir cédé*
« *à ta nature.* »

Depuis, Georges IV ne reparla jamais du
Dandy aperçu à Calais ; il retomba dans l'en-
gourdissement des souvenirs. Brummell ne se
plaignit pas ; il garda le ferme et discret silence qui est le bon goût de la fierté. Pourtant
les événements qui suivirent eussent motivé,
dans une âme plus faible, bien des récrimina-
tions. En très-peu de temps, ses ressources
d'Angleterre s'épuisèrent ; les dettes vinrent,
la misère aussi. Il allait commencer de des-
cendre cet escalier de l'exil dans la pauvreté,
dont parle Dante, et au bas duquel il devait
trouver la prison, l'aumône et un hôpital de
fous pour y mourir. La main qui l'arrêta
encore sur les premières marches de cet horrible escalier fut une main royale, la main de
Guillaume IV, dont le gouvernement créa
une place de consul à Caen et la lui donna.
D'abord maigrement rétribué, ce poste finit
par ne plus l'être ; il s'effaça sous l'incapacité

de Brummell à le remplir (1). Plus tard même,
il lui fut ôté. Les gouvernements qui devraient
classer les hommes, quand ils les placent à
rebours de leur vocation, croient-ils avoir fait
beaucoup pour eux ? Le temps que Brummell
passa à Caen fut une des plus longues phases
de sa vie. La noblesse de cette ville montra,
par l'accueil qu'elle lui fit et la considération

(1) Il lui fallait des hommes à séduire, et on lui
donna des affaires à régler. Si le caprice, si le bonheur fou de la moitié de sa vie ne l'avaient pas rendu
impropre à tout ce qui est fonction et devoirs pu-
blics, il y avait peut-être en lui des facultés de di-
plomate que l'on pouvait utiliser. On dit *peut-être* ;
on n'appuie pas. Lord Palmerston a trop montré ce
que le Dandysme peut devenir en politique lorsqu'il est
seul. Henri de Marsay est une bien tentante fantaisie ;
mais c'est une destinée faite par un poëte. On ne dit
pas qu'il soit impossible ; mais c'est le moins possible
des héros de roman.

dont elle l'entoura, que les ancêtres des Anglais
étaient des Normands (1). Cela put lui adoucir,
mais non lui épargner les angoisses qui déchi-
rèrent ses derniers jours. M. Jesse a fait le
compte de ces abaissements, de ces douleurs:
nous, nous les tairons. Pourquoi les raconter?
C'est du Dandy qu'il est question, de son influence, de sa vie publique, de son rôle social.
Qu'importe le reste? Quand on meurt de faim,
on sort des affectations d'une société quel-

(1) C'est un Normand qui a écrit ce petit livre,
et c'est un Normand qui l'édite. M. G.-S. Trebutien,
conservateur-adjoint de la Bibliothèque de Caen,
édite les autres, lui que les autres voudraient si bien
éditer. Je demande aux trente ou quarante personnes
qui me liront la permission de leur présenter ici M.
Trebutien comme un ami qui vaut mieux que moi,
et dont l'imagination et la science, — séparées souvent, mais unies en lui, — n'ont pas besoin de l'amitié
pour être appréciées ce qu'elles valent.

conque , on rentre dans la vie humaine : on
cesse d'être Dandy. Laissons cela. Seulement,
rendons cette justice à Brummell qu'il le fut
aussi avant qu'homme puisse l'être dans la
pauvreté et dans la faim. La faculté qui chez
lui dominait resta long-temps debout sur les
ruines de sa vie. Les autres qui n'existaient
que pour soutenir celle-là en s'harmonisant
avec elle ne purent rien pour sa gloire et pas
grand'chose pour son bonheur. Ainsi , il était
poëte. Il avait juste en lui le degré d'imagination nécessaire à un homme dont la vocation
est de plaire; mais ce qu'il a laissé de poésies,
remarquables pour un Dandy, n'illustreraient
pas un écrivain (1). Nous n'avons donc point

(1) M. Jesse que désormais il faudra toujours
nommer quand il s'agira de Brummell , a cité dans
son livre des vers du célèbre Dandy. Brummell les
avait écrits sur un très-bel album où Sheridan ,

à nous en occuper. Dans cette étude d'un homme si spécial à sa manière , tout ce qui n'est pas la vocation même , le doigt de Dieu sur l'intelligence , doit être laissé à l'écart.

Byron, Erskine même, avaient écrit les leurs. Ce ne sont point des vers d'album , quelques lignes tracées à la hâte ; mais des pièces assez étendues et d'un certain souffle d'inspiration.

XII.

On sait maintenant quelle fut cette vocation
et comme il la remplit. Il était né pour régner
par des facultés très-positives, quoique Montesquieu un jour dépité les ait appelées le *je
ne sais quoi*, au lieu de montrer ce qu'elles
sont. Ce fut par là qu'il prima son époque.
Comme l'aurait dit le prince de Ligne, « il
fut roi par la grâce de la grâce ; » mais à la
condition qui pèse sur nous tous, chercheurs
d'influence, d'accepter de son temps les préjugés et même jusqu'à un certain point les
vices. Aveu triste à faire pour les chastes amis
du vrai en toutes choses : si sa grâce avait été
plus sincère, elle n'aurait pas été si puissante ;
elle n'eût pas séduit et captivé une société sans
naturel. A quel degré de civilisation raffinée,

de corruption secrète , la société anglaise est-
elle, en effet, arrivée, pour que ce soit un mot
profond et juste que celui-ci , dit à propos
d'un Dandy comme Brummell : *Il déplaisait
trop généralement pour ne pas être recher-
ché* (1). Ne reconnaît-on pas là le besoin d'être
battues qui prend quelquefois les femmes
puissantes et débauchées? Est-ce que la grâce
simple, naïve, spontanée, serait un stimulant
assez fort pour remuer ce monde épuisé de
sensations et garrotté par des préjugés de toute
sorte ? Si l'on restait parfaitement soi dans un
tel milieu , que serait-on ? à peine aperçu
par quelques âmes d'élite , restées saines et
grandes (2) : public , hélas ! bien incertain. Or

(1) Bulwer, dans *Pelham.*
(2) Comme cette miss Cornel , par exemple, cette
actrice que de Stendhal a tant vantée. Mais pour
s'apercevoir de la grandeur simple de cette âme ,

on est vaniteux , on veut l'approbation des
autres : mouvement charmant du cœur humain
que l'on a trop calomnié. C'est toute l'explication peut-être des affectations du Dandysme. Il
ne serait donc , en définitive , que la grâce qui
se fausse pour être mieux sentie dans une
société fausse (1) , et, dans ce sens, que le na-

rare comme un diamant noir à Londres , il fallait
de Stendhal, c'est-à-dire , un homme spirituellement
positif jusqu'au machiavélisme , mais qui aimait le
naturel comme certains empereurs romains aimaient
l'impossible.

(1) A laquelle manque l'instinct des beaux-arts ,
car il lui manque. Les noms de Lawrence, de Rom-
ney , de Reynolds et de quelques autres , n'éclairent
que mieux cette indigence. Le peuple romain n'était
pas artiste parce qu'il avait des joueurs de flûte.
L'art n'existe que littérairement en Angleterre. Michel-
Ange , c'est Shakspeare. Comme tout est singulier
dans ce pays original , le meilleur sculpteur qu'il ait

turel bien compromis, il est vrai, mais impérissable.

On l'a dit au commencement de cet écrit :
le jour où la société qui produit le Dandysme
se transformera, il n'y aura plus de Dandysme;
et comme déjà, en raison d'une attache à ses
vieilles mœurs qui ressemble à un fatal esclavage, l'aristocratique et protestante Angleterre s'est fort modifiée depuis vingt ans, il
n'est guère plus que la tradition d'un jour.
Qui l'aurait cru ou plutôt qui aurait pu ne pas

produit était une femme, lady Hamilton, digne d'être
Italienne, et qui sculptait, par la pose, dans le marbre
du plus beau corps qui ait jamais palpité. Statuaire
étrange qui était aussi la statue et dont les chefs-
d'œuvre sont morts avec elle ; gloire viagère qui n'a
pas plus duré que les frémissements de la vie et l'ar-
dente émotion de quelques jours ! C'est encore une
page à écrire; mais où prendre la plume de Diderot
pour la tracer ?

le prévoir ? Cette modification s'est produite
dans le sens d'une pente invariable. Victime
de sa vie historique, l'Angleterre, après avoir
fait un pas vers l'avenir, revient s'asseoir dans
son passé. Si haut qu'elle cingle sur la mer du
temps, elle ne brise jamais entièrement, —
comme le Corsaire de son plus grand poëte,
— la chaîne qui l'attache au rivage. Pour elle,
qui retient tout, qui garde tout, *marble to
retain,* l'habitude asservit d'étrange sorte.
Pour elle, la septième peau du serpent ressemble toujours à la première qu'il a dé-
pouillée. On croit un instant la trace de ce qui
n'est plus évanouie : on écrit sur ce palim-
pseste, et il ne faut qu'une circonstance pour
que ce qu'on croyait effacé reparaisse, lisible,
ferme, éclatant. Aujourd'hui le puritanisme
auquel le Dandysme, avec les flèches de sa
légère moquerie, a fait une guerre de Parthe,
— en le fuyant plutôt qu'en l'attaquant de

front, — le puritanisme blessé se relève et panse ses blessures. Après Byron , après Brummell , — ces deux railleurs d'un ordre si différent, mais d'une influence peut-être égale ,— qui n'aurait pas cru sur le flanc la vieille moralité anglicane ? Eh bien , non , elle n'y est pas. Le *cant* indéfectible, immortel, a vaincu encore. L'aimable fantaisie n'a qu'à jeter son sang d'essence de roses vers le ciel. Elle succombe sous l'opiniâtre nature de ce peuple indomptablement coutumier , l'absence de ces grands écrivains qui électrisent les imaginations et leur communiquent toutes les audaces (1) , et enfin l'influence sur la haute société d'une

(1) Cette absence d'écrivains n'est pas complète, puisqu'il y a Th. Carlyle ; mais quel dommage qu'il préfère souvent le sédatif éther du spiritualisme allemand à ce caviar aiguisé et aimé des Anglais, qui donne des sensations si nettes !

jeune reine qui a l'affectation de l'amour conjugal, comme Élisabeth avait celle de la vir-
ginité. Quelles meilleures sources d'hypocrisie
et de *spleen?* Le méthodisme qui était passé
des mœurs dans la politique repasse, à l'heure
qu'il est, de la politique dans les mœurs. Un
poëte, un homme de race, qui tient de sa
naissance le très-facile courage d'avoir une
opinion indépendante, comme il pourrait attendre de son talent une inspiration vraie,
lord John Manners, ne vient-il pas de publier
un volume de poésies en l'honneur de l'Église
établie d'Angleterre? Shelley, l'athée, n'aurait
plus même la sécurité de l'exil. Le libéralisme
d'idées, qui avait lui comme un rayon de
l'intelligence de ses plus grands hommes sur
ce pays du pharisaïsme hautain, de la convenance glacée et menteuse, n'a brillé qu'un
moment rapide, et la momie du sentiment
religieux, le formalisme, y règne toujours du

fond de son sépulcre blanchi. Tout est fini, tout est mort de cette belle société dont Brummell fut l'idole, parce qu'il en était l'expression dans les choses du monde, dans les relations de pur agrément. De Dandy comme Brummell on n'en reverra plus ; mais des hommes comme lui, et même en Angleterre, quelque livrée que le monde leur mette, on peut affirmer qu'il y en aura toujours. Ils attestent la magnifique variété de l'œuvre divine : ils sont éternels comme le caprice. L'humanité a autant besoin d'eux et de leur attrait que de ses plus imposants héros, de ses grandeurs les plus austères. Ils donnent à des créatures intelligentes le plaisir auquel elles ont droit. Ils entrent dans le bonheur des sociétés comme d'autres hommes font partie de leur moralité. Natures doubles et multiples, d'un sexe intellectuel indécis, où la grâce est plus grâce encore dans la force et où la force se retrouve encore dans la grâce, androgynes de l'histoire, non plus de la fable, et dont Alcibiade fut le plus beau type chez la plus belle des nations!

FIN.

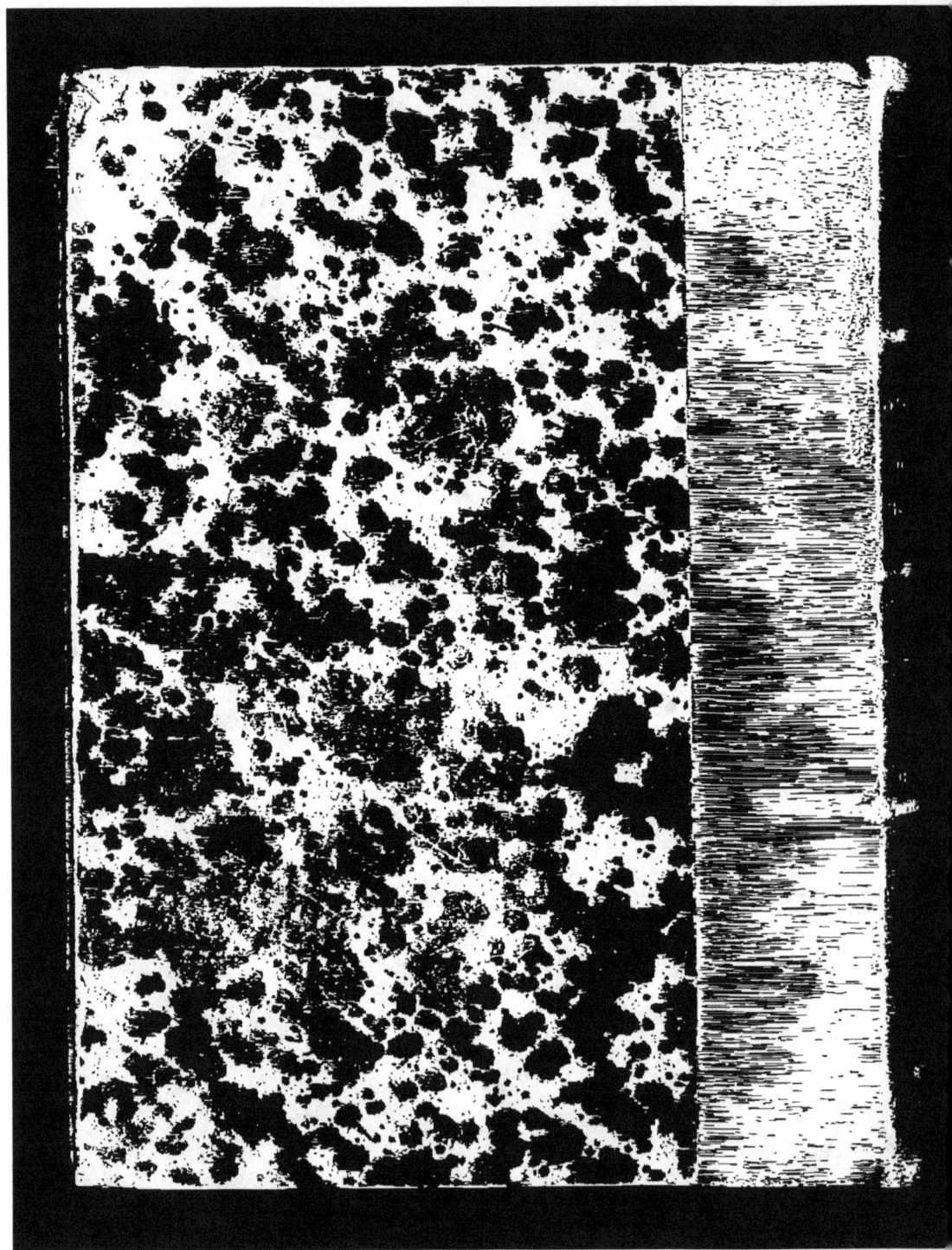

www.ingramcontent.com/pod-product-compliance
Lightning Source LLC
Chambersburg PA
CBHW060145100426
42744CB00007B/904